包君成人文素养系

一起来做御风少年

跟着包子老师读《列子》

包君成 / 编著

台海出版社

图书在版编目（CIP）数据

一起来做御风少年 / 包君成编著. -- 北京：台海
出版社，2024. 10. -- ISBN 978-7-5168-3889-1

Ⅰ. B223.2-49

中国国家版本馆CIP数据核字第2024PX8383号

一起来做御风少年

编　　著：包君成

责任编辑：姚红梅　　　　　　　　　封面设计：中尚图
策划编辑：林正良

出版发行：台海出版社
地　　址：北京市东城区景山东街20号　　邮　　编：100009
电　　话：010-64041652（发行，邮购）
传　　真：010-84045799（总编室）
网　　址：www.taimeng.org.cn/thcbs/ default.htm
E－mail：thcbs@l26.com

经　　销：全国各地新华书店
印　　刷：炫彩（天津）印刷有限责任公司
本书如有破损、缺页、装订错误，请与本社联系调换

开　　本：710毫米×1000毫米　　　1/16
字　　数：127千字　　　　　　　　印　　张：13
版　　次：2024年10月第1版　　　　印　　次：2024年10月第1次印刷
书　　号：978-7-5168-3889-1

定　　价：78.00元

序 言
愿少年，乘风破浪

亲爱的同学们，这一次我为大家带来的这本书叫《一起来做御风少年：跟着包子老师读〈列子〉》。

有同学要问了："列子是谁，他和风又有什么关系？"

不要着急，请听我一一道来。

或许现在的你对列子其人仍有几分陌生，但如果提起杞人忧天、呆若木鸡、朝三暮四、夸父逐日……这些寓言故事，是否唤醒了你沉睡的记忆？

没错，这些耳熟能详的寓言故事，都出自《列子》。当然啦，与其他先秦经典一样，这些原本只是列子的口述内容，后来又被他的学生们整理成书，就是《列子》。列子生于东周战国前期，比庄子还要早一些，所以这部书诞生得也很早。加之书中全是融寓言、哲理为一体的短小精悍的先秦散文，若直接看原文，对同学们来说确实有些困难。别说我们了，从汉朝开始就有很多人看不懂了。一直到喜欢谈玄说理的晋朝，一个名叫张湛的学者对此书进行了全面的解释，编成一本名为《列子注》的书。

请注意，这本书很重要！后人对《列子》一书的理解与研究、历代《列子》注本以及我们现在看到的《列子》原文，都可以追根溯源到此书。当然，包子老师这本也不例外。

一提到古文，有些同学就开始脑袋发昏、眼皮打架，觉得古人必定都是循规蹈矩、索然无味的；古文必然都是之乎者也，玄之又玄。

非也，非也！这都是刻板印象！

其实，古人也有许多奇思妙想，古文亦可不拘一格。比如，列子的脑袋里就装着无数天马行空的想法，脑洞大到超乎你的想象。嘘！小点声，我还可以给你透露一个小秘密——列子还会飞呢！而《列子》中的每篇寓言，不论长短，无不自成系统，各有主题，充满哲理又饶有趣味，只要我们逐篇阅读，细细体味，都能有所收获。

对于这样一本神奇之书，我也为同学们准备了不一样的阅读秘籍。

秘籍一：读故事

面对《列子》中短小精悍的寓言散文，最要紧的是读懂其中的故事。所谓小寓言、大道理，若是连故事都读不明白，还怎么去体悟其中的道理呢？当然，"古文阅读困难户"也不用怕，我们并没有照搬原文，而是截取言简意赅的精华语句，并附有详尽的注解说明，完全不会影响你对故事全貌的理解。

秘籍二：品道理

故事听明白了，就该思考其中蕴含的道理了。我将在"思潮起伏"板块中，带同学们一起挖掘列子在故事中留下的精神宝藏。比如，"杞人忧天"这个故事除了讽刺杞国人，还展现了古人对于宇宙的探索和认知；又如，"薛谭学讴"这个故事除了教会我们要虚心求教，还引发我们思考，在提倡尊师重道的同时，是否更应该鼓励学生敢于挑战权威、大胆创新……

秘籍三：学古文

除了读故事、品道理，我还将手把手地带着同学们一起了解文言文小知识，让你们知道，古文阅读没有那么难，文言词汇也可以很生动。想不想知道文言文中的"斜杠青年"是谁？想不想看看古人说起倒装句来又是什么样的？想不想一起探案，查明"文言特工"的真实身份……更多精彩，尽在"文言解码"板块！

3

秘籍四：探新知

在最后的"知识盲盒"板块里，我会与同学们一起拓展新知，发散思维，满足你们的好奇心。比如：师襄、师旷、师文三人全姓师，是有什么血缘关系吗？庖丁到底姓庖，还是姓丁？太阳的别称有哪些？"呆若木鸡"原本是个褒义词吗？

此外，书中还有许多有趣的知识、新奇的玩法，等你一一探索。都说少年乘风起，未来皆可期，那么我也希望这四个秘籍可以助你们在古文阅读的道路上扶摇直上、乘风破浪！

好啦，少年们，检查装备，调整坐标，翻开下一页，和列子一起御风而飞吧！

目录

上 篇
御风之人写奇书

002　会飞的列子

007　列子和他的朋友们

017　《列子》的真伪之辨
　　　一本书的传世有多难？

025　我们该如何阅读《列子》

1

下 篇
来读风一般的 "童话"

030　人生四季
请带着兜风的心情过一生

040　杞人忧天
过度焦虑是一种病，得治

048　向氏为盗
此 "盗" 非彼 "盗"

056　鸥鹭忘机
做人可以不完美，但必须真诚

066　朝三暮四
换汤不换药，只为让你好受点儿

074　呆若木鸡
真正的高手从来不露声色

082　夸父逐日
是人有大志，还是不自量力？

090　师文学琴
技巧和情感哪个更重要？

098　薛谭学讴
喊破嗓子不如做出样子

106　造父习御
台上一分钟，台下十年功

114　贪生怕死
死亡不可怕，人生尽兴才是王道

122　郄雍视盗
站在人生的巅峰敲响丧钟

130 **兰子献技**
识别机遇比获得机遇重要

138 **牛缺遇盗**
秀才遇到兵，千万别讲理

146 **不食盗食**
洁身自好也该有个限度吧

154 **为不知己者死**
渴望被理解的往往是弱者

162 **岂辱马医**
知耻而后勇，也很值得尊重

170 **枯梧不祥**
"没头脑"遇到"缺心眼"

178 **疑邻盗斧**
你看到什么，由你的心决定

186 **齐人攫金**
史上最蠢萌的抢劫犯

194 **附录**

上 篇

御风之人写奇书

会飞的列子

　　如果今天有人说他会飞，你可能会觉得他是吹牛都不打草稿。不过，在我国古代当真有个人可以御风飞行，还被大名鼎鼎的庄子记录在《逍遥游》一文中，他就是列子。

　　《逍遥游》中记载："夫列子御①风而行，泠然②善③也，旬④有⑤五日而后反。"翻译成现代汉语就是：列子能乘风飞翔，轻妙飘然真是美好啊！可以一连飞行十五天，才落到地上。

　　除了《逍遥游》，还有许多古籍记载了列子会飞的故事，如《吕氏春秋》《史记》，甚至在南北朝"最强大脑"——数学泰斗祖冲之的著作中都有相关记录。而南朝人任昉在《述异记》里说得更夸张，说列子常在立春那天乘风而飞，游历八荒，立秋之日才会回归风穴，风到之处草木皆生，风去则草木皆落。

---

① 御：驾驭。
② 泠（líng）然：轻妙飘然的样子。
③ 善：美好的。
④ 旬：十天。
⑤ 有：通"又"，用于连接整数与零数。

列子

那么，这位会飞的列子到底是怎样一个人？流传至今的"乘风而飞"确有其事吗？对了，这位会飞的奇人还留下一本同样"气伟而采奇"的神作——《列子》，《愚公移山》《纪昌学射》《两小儿辩日》等脍炙人口的寓言故事皆出于此……说到这儿，同学们的好奇心是否已经"拉满"，想要好好见识一下这样的奇人奇书？既如此，就跟随同样渴望翱翔苍穹的包子老师一起来一探究竟吧！

他是有道之士

"列子"是后来人对他的尊称，他有一个侠客般响亮潇洒的名字——列御寇。他是战国前期道家的代表人物，与老子和庄子齐名，也是先秦十大家之一。

他崇尚虚无缥缈之论。有同学要质疑了，那不就是"空谈"吗？非也。《列子·天瑞》中有言："虚者无贵也。"有人问列子了："先生为什么格外看重虚无？"列子答："虚无本身无所谓贵贱，它代表的是一种本真。"在他看来，让事物保持其自然的规律，遵从本来的面貌，顺其自然而运转，比强加干涉更具成功的意义。他的思想在诸子百家争鸣时期独树一帜，因而被称为"有道之士"。

古籍中多记载列子御风而飞的潇洒一面，而现实中的他时常处于贫困交加的境地。穷归穷，却很有骨气。

《列子·说符》中记载了他与弟子的一段对话，某一日弟子严恢问："学道是为了富有吗？"列子回答："夏桀商纣只看重利益，所以落了个身死而国亡的结局。生而为人若是无情无义，只知道填饱肚子，那么与鸡犬又有什么区别呢？"

在列子看来，人世间的贵贱、名利皆是牵绊，唯有淡泊名利、正视内心才能看到真正的世界。正如落雪有落雪的皎洁，春风有春风的和煦，能随时随地体会到当下的美好，人生才有意义。所以，在缥缈之外，列子还是一名立足当下的有道之士，他的肩上是风，风之上更有群星闪耀。

他也是追风少年

"天空""大地""河流""清风""流云"，这些动静相融的词语常常出现在列子的故事中，也体现了他的心之所向。

列子说自己师从壶丘子九年，才学会御风飞行。每年春季，他都会乘风而游，还说在飞行时能感受到身体和灵魂的交融，心神凝聚，五官和肉体仿佛都不复存在，不知不觉便飘然而起，只能听见风在耳边呼呼作响。这种说法无论在当时还是今天，都唬住了不少人。

众所周知，人类没有翅膀，是不可能凭风飞行的。列子御风而飞的故事之所以能流传至今，更多的是因为他飘然若飞的气度。这种气度，来自他洒脱不羁的性格，以及道家思想中持之以恒的处世态度。

与其等风来，不如追风去。心怀此番信念的列子，又怎么不算掌握了御风的本领呢?

他还是人间听风客

《列子·黄帝》中有这样一则故事,也很值得回味。

尹生想向列子学习御风而行的绝技,便在他家心甘情愿地做起杂役。可尹生一再恳求,列子总是默然不理。最后尹生实在没有耐心了,愤然离去。谁知几个月后,尹生又低着头回来了。列子问他为什么去而复返,尹生羞愧地承认了自己急于求成的错误。

列子平静地告诉他:"自从我拜壶丘子为师后,经过三年的磨炼,终于做到心中不敢有是非,口里不敢说得失,才勉强令老师多看我一眼。七年后,我达到从心所念而无是非对错,随口所言而无利害得失,才能与老师并席而坐。九年后,任由我心中所想、口中所说,都不会涉及是非利害,便不知不觉地可以随风飘浮了。直至今日,我已分不清是'风乘我'还是'我乘风'了。你现在怨愤不满、牢骚满腹,又怎能飘得起来呢?"

都说"听风八百遍,才知是人间"。或许生活本就沉闷,只有像列子这样无视杂念纷扰,只向着心中的目标跑起来、始终在路上的人,才能感受到风,继而御风飞翔吧!

列子和他的朋友们

乱世出英雄的诸子百家

前面已经为同学们介绍过，列子的大名叫列御寇。那么，你有没有想过，为什么后人都称他"列子"呢？

"子"是我国古代，特别是先秦时期，人们对老师、学者或有道德、有学问的一类人的尊称。简单来说，我们也可以将"列子"这一称呼理解为"列老师"。

众所周知，先秦时期发生了一件大事，那就是百家争鸣。彼时，诸子百家在文化学术上相互争鸣，在政治舞台上你方唱罢我登场。据《汉书》记载，当时数得上名字的学派就有一百八十多家。而所谓"诸子"，指的便是在这段时间涌现出来的众多有道德、有学识的人物，如孔子、孟子、老子、庄子、墨子、荀子、列子、韩非子、管子、鬼谷子等。都说"乱世出英雄"，诸子百家正是在混乱动荡、硝烟四起的时代，纷纷举出救世之道的一群思想家。

当然，百家中最有名、最活跃的实际上只有十家，分别是我们熟悉的道家、儒家、法家、墨家、兵家、纵横家、名家、农家、杂家和小说家。他们各抒己见，周游列国，游说君王采纳他们的主张。其中，法家提出的思想因为"合乎时宜"，而被诸多君主采用。

虽然法家的集大成者韩非子后来死于秦国的监狱，但在他死后，法家的思想被李斯继承并在秦国得以实践，李斯也因此被称为商鞅之后秦国的法家代表。再后来的故事，我们就都知道了，李丞相利用法家学派的主张，帮助秦始皇统一了六国，彻底结束了诸侯割据的局面。

历史早已散入尘埃，随着时代的变迁，人们对诸子百家已然有了不同的看法。有人崇拜儒家的积极进取，有人喜欢墨家的兼爱非攻，有人推崇法家的严峻冷酷，当然，也有人欣赏道家的清静无为。

那么，诸子百家中你更欣赏哪家呢？

先别急着回答。想要回答这个问题，你就必须对诸子百家各自的主张有所了解，而要了解先秦诸子的思想，阅读原文典籍是最为重要的。先秦时期各家学派留下的典籍被后世学者奉为至宝，如儒家的《论语》、墨家的《墨子》、法家的《韩非子》等。同样，《列子》是人们深入了解道家思想，继而全面了解百家思想不容错过的重要著作！

既然气氛已经烘托到这里了，那么，我们就重点来聊一聊道家。

道家以"道"为核心，认为大道无为，主张道法自然，是诸子百家中一个极为重要的哲学流派。这一时期，诞生了道家的代表人物——老子、庄子和列子。这三位元老级人物以一脉相传、和而不同的思想主张，共同组成了道家学说的初始形态。而后，朝代兴替、社会发展，道家与儒家始终作为中国古代社会的主流思想，渗透进中华各文化领域，对中国乃至世界的文化都产生了巨大的影响。

会七十二变的壶丘子老师

大致了解诸子百家及道家的相关历史渊源后，我们再来认识一下这位列老师的老师们。

相传，列子拜过好几位老师，如关尹子、壶丘子、老商氏等。

先来认识一下他的"启蒙老师"——关尹子，字公文，名喜，是周朝大夫、大将军、哲学家、教育家。他与老子是同时代的人，被称为"先秦天下十豪之一"，是道家文始派祖师。《列子·说符》中记载，列子曾向关尹子学射箭，而关尹子又通过射箭向列子传达了"知其然，更要知其所以然"的道理。此外，在《列子·黄帝》中也记述了关尹子与列子的几段对话，都很具有哲思意味。

至于第二位老师——老商氏，就比较神秘了，几乎没有留下其他的文字资料。相传，列子向他学道，历经七年之久，师徒二人并席坐而论道之事还一度被传为佳话。

在列子的三位老师中，留下文字记载最多的是壶丘子。壶丘子，也被称为壶子，单名林，是战国时期郑国人。

《庄子》中记载了这样一个故事：列子听说有一个神巫能够预知人的生死吉凶，像神仙一样灵验，于是心生向往，便将这件事告诉了老师壶丘子。壶丘子听后，微微一笑，让列子把这个神巫带过来，他要亲自检验对方是真是假。这中间的故事相当有趣，壶丘子与神巫斗法的精彩程度完全不亚于《西游记》车迟国一段中孙悟空降三怪的场面。壶丘子的心境可以像孙行者一样七十二变，他先让神巫看到死之静谧，继而让他看到生之灵动，接着让他看到不动的太虚，最后又让他看到变化和灵动的大道，正所谓"玄之又玄，众妙之门"。神巫被吓得拔腿就跑，再也找不到人影。而列子也终于了悟，于是"自以为未始学而归，三年不出"。

壶丘子是一位好老师，列子也是一名好学生，而庄子更是一个好的"说书人"。的确，这个故事中更多地承载着庄子的思想，是一个借事说理的寓言故事，但我们也可据此看出壶丘子与列子这对师徒日常相处、传道授业的模式。

一脉相承的老子、列子和庄子

都说道家的三大顶梁柱是老子、庄子和列子，那么三人到底是什么关系呢？他们的思想主张又有什么相同和不同呢？

我们都知道，老子生于春秋时期，被奉为道家学派的创始人；庄子活跃于战国中期，是道家学派的代表人物；而列子介于老、庄之间，是道家学派承前启后的重要人物。著名的史学家钱穆先生也在《先秦诸子系年》中考证过，列子生卒年份应当为公元前450年至公元前375年，先于庄子。

据史料记载，列子创立了先秦哲学派——贵虚学派，对后世哲学、美学、文学、科技、养生、乐曲、宗教有非常深远的影响。而在现实生活中，列子隐居郑国圃田四十年，与清风为伍，与白云做伴，独醉于大自然之中，不求名利。

从这一点来看，相较于老子，庄子的思想实际上更接近于列子。庄子在《逍遥游》中也多次提到与列子有关的故事，如列子能够御风飞行、列子跟随壶丘子学道等，并总结列子的修行不是追求高深玄妙，而是在行住坐卧之间。"列子才颖逸而性冲澹，曲弥高而思寂寞，浩浩乎如冯虚御风，飘飘乎如遗世独立。"足可见，庄子对列子的评价是非常高的。

我们用一句话总结老子、列子、庄子和道家的关系，那就是先秦道家创始于老子，发展于列子，而大成于庄子。

先秦时期还留下了三部道家经典，分别是老子的《道德经》，即《老子》；庄子的《华南经》，也就是《庄子》；列子的《冲虚经》，又叫《列子》。

其中，《老子》主要为我们解释天道问题，并借助天道来讲人世间的道理，是道家思想的总论和基础，言简意赅，内涵深刻，但文字有些晦涩，不好理解。列子则在其基础上，开创了一种融寓言与哲理于一体的先秦散文文风。《列子》系统涵盖了道家从上到下的所有内容，篇章条理清晰，几乎全用寓言来说理，其中的很多故事后又为《庄子》所用，如大鹏鸟、神巫季咸等。所以，有时候同学们在《列子》中看到与《庄子》所讲相差不多的故事，可不要惊讶哦！

庄子也喜欢讲故事，效仿列子的寓言说理形式，并在此基础上形成了自己的独特风格。为了让故事更精彩、让道理更深入人心，他在书中常常设置一些子虚乌有的人物，如无名人、天根等。因为这还闹出了一些乌龙，有的人认为会飞的列子也是庄子虚构的，好在《战国策》《尸子》《吕氏春秋》等诸多文章中也都提及列子，这才佐证了列子确有其人。

除写作风格的继承与发展外，老子、列子和庄子在思想上也存在一定差异。

老子认为宇宙的本质是"道"，即一种无形的、无限的、永恒的存在。他认为，"道"是万物的起源和归宿，人类应该遵循"道"的规律，以"无为"的态度去面对世界。当然，老子所说的"无为"并不是无所作为的意思，而是指不强行干预事物的自然发展，通过顺应自然规律达到"无为而治"的境界。

列子更注重实践和修身养性，主张"虚静"，认为人们应该保持内心的平静和超脱，以达到真正的修炼境界，实现生命的升华和超越。

而庄子继承了老子和列子的思想，更注重个体的自由和独立，主张追求"逍遥"和"齐物"。他认为，人类应该摆脱世俗的束缚，通过修炼身心来达到与自然和谐共生的境界。

同学们还记得咱们前面讨论过，先秦时期诸子百家的主要任务是什么吗？

没错，就是游说君王采用自己的学派主张治理国家。所以，先秦诸子的哲学思想可不是什么清谈玄学，都是具有实用价值的。因而，我们在深入理解其思想时，也应顺势将目光延伸到治国理政的实用层面。

老子的"无为而治"体现在社会现实方面，就是"小国寡民"。他认为，政治家应该顺应人们的自然需求和欲望来治理国家，而不是通过强制和命令来控制人们，如此一来，国家保持小规模和简单状态，才能更好地实践这一理念。

庄子主张"逍遥"和"齐物",这让他对政治持怀疑态度。他认为人们无法摆脱社会的束缚和政治干预,而政治干预又只会给人们带来痛苦和灾难,因此他主张远离政治,专注于修炼身心来实现生命的升华。

列子同样主张远离政治,专注于修炼身心,不过,他的学说中也存在一定的批判思维。他在《列子》中对社会的不公平、人心的险恶等,都实实在在地进行了一番嘲弄。

此外,在百家争鸣的时代,道家能与儒家并称为两座文化高峰,还在于其超前的宇宙观。人类对于宇宙的探索由来已久,古往今来,无数能人异士都描绘出了不同的宇宙观,而早在两千多年前,道家对宇宙的看法已经具备一定的科学性。

老子率先提出宇宙生成论,即道为宇宙起源。而列子更是最早提出宇宙生成四阶段思想,即天体运动说、地动说、宇宙无限说等,远远早于西方的同类学说。庄子则进一步推断宇宙的存在要早于天地,在他看来,宇宙并非从天地之间诞生,而是早在万物之前就已存在,日月星辰按一定规律运动,而人类也是宇宙创造的产物。

从静观宇宙到体察内心,仿佛是道家学者的一条必经之路。已识乾坤大,犹怜草木青。人生的乐趣与价值,出发于宇宙观,又归于根本心。那么,讲完了宇宙观,我们再来看看老子、列子和庄子的生死观又有哪些不同。

老子说:"出生入死。生之徒,十有三;死之徒,十有三;人之生，动之于死地，亦十有三。"意思是人从出生到死亡，长寿的人占十分之三，短命的人占十分之三，而本可以长寿却自己走向死亡之路的人也占十分之三。

列子说："且趣当生，奚遑死后？"也就是说，姑且追求此生的快乐，哪有闲暇顾及死后的事情？

庄子说："善吾生者，乃所以善吾死也。"正所谓，善于对待生命的人，也会善于对待死亡。

不难看出，从老子到列子，再到庄子，三人在生死观上也遵循着继承与发展的脉络。从正视死亡到坦然面对，再到善待生命，除豁达情怀外，更体现着道家对生命的尊重。

都说老子教我们如何平静，庄子教我们如何快乐，那么列子或许可以教我们如何从容。从容如风，自在如风，不正是列子所主张的"贵虚"吗？

《列子》的真伪之辨

一本书的传世有多难？

　　《列子》与《老子》《庄子》同为道家名著。不过，大家是否有过这样的疑惑——为什么《老子》《庄子》常被相提并论，但后人对《列子》的研究论著却如凤毛麟角？

　　其实，这里面有一些复杂的历史原因。作为一本诞生于先秦时期的作品，可以确定的是，《列子》最早的版本早已丢失，我们今天读到的《列子》是经过后人口传笔录外加整合重编后的版本。因此，古代学者的研究重点大多放在考辨这本书的真伪上，对于其中的内容与思想的探究，就稍显怠慢。

　　除此之外，我们现在看到的《列子》八篇，共一百四十章，由哲理散文、寓言故事、神话故事、历史故事组成，内容十分庞杂，这也与它坎坷的成书过程密切相关。

真书伪书，疑点重重

大多数观点认为，《列子》的初始版本在西汉以后便已散佚，而最早怀疑这本书的来源与真伪之人，正是我们所熟悉的"唐宋八大家"之一的柳宗元。

柳宗元是唐代文学家，与韩愈共同倡导古文运动，还被推为"游记之祖"。此外，他还是一位思想家，对佛学、哲学均有深入研究，自幼博览群书。像《列子》这样的道家经典，他自然也是读了又读。不过，读着读着，他就发现了问题。

柳宗元所读的《列子》共八篇，篇数与《汉书·艺文志》所载相同，附有刘向叙录，记载全书篇目为"天瑞第一，黄帝第二，周穆王第三，仲尼第四（一曰极智），汤问第五，力命第六，杨朱第七（一曰达生），说符第八"，与正文同。但刘向叙录中称列子为郑穆公时人，而《列子》书中却记载了许多晚于郑穆公数百年之事。柳宗元便对此篇叙录产生了怀疑，并认为"其书亦多增窜非其实"，写下散文《辩列子》一篇，开创了怀疑《列子》真伪之先河。此后，历代均有学者提出新的证据，对《列子》的成书年代进行考证与质疑。

清朝初年的学者姚际恒在《古今伪书考》中，首先认定《列子》是伪书，他认为现存的《列子》已经不是原著，而是晋人凑杂道家思想写成的。而后，包括叶大庆、钱大昕、姚鼐、钮树玉、章炳麟等知名学者在内，都认为此书为伪。钱锺书在《管锥编》中，提出《列子》受佛教思想影响，可知是魏晋时代的伪书，同时他指出《列子》全书"窜取佛说，声色不动"，"能脱胎换骨，不粘皮带骨"。

有关于《列子》的成书过程与真伪之说，可谓疑点重重、脑洞大开，简直能拍成一部悬疑电影了，像《消失的列子》《真假列子》《名侦探柳宗元之列子疑云》……那么，真相究竟如何呢？就让我们一起回到先秦时期，探一探《列子》的前世今生吧！

不对……

有问题……

前尘往事，付之一炬

如前文所述，列子隐居郑国四十年，不求名利，清静修道。现在，我们再将列子的活动范围锁定得更具体一些，那就应该是战国早中期，与郑穆公同时，晚于老子、孔子，而早于庄子。

与先秦诸子一样，列子也喜欢聚徒讲学，并且弟子甚众。据记载，一次，列子去见南郭子时甚至带了"弟子四十人同行"。此外，从《庄子》中也可以看出列子学派在战国中后期具有很大的影响力。

想必同学们都听说过，孔子有门客三千，《论语》正是孔子的弟子及再传弟子记录孔子及其弟子言行而编成的语录文集。其实，这也是先秦诸子之作得以流传下来的通用方式，《列子》成书亦是如此。在列子死后，其弟子据其活动与言论编撰《列子》一书，有二十余篇，共计十万多字。也就是说，初始版本的《列子》远远不止八篇。

听到这里，同学们是不是觉得有些疑惑，先秦时期的《列子》和如今我们看到的《列子》似乎相差很多，只是篇目就差了十二篇。的确如此，而这其实和秦统一六国后的一件大事有关。

公元前213年，秦始皇采纳丞相李斯的建议，下令焚烧《秦纪》以外的列国史记。另外，除医药、卜筮、种树等技艺之书外，其他不属于博士官所藏的《诗》《书》等，限期交出烧毁。同时，私自谈论《诗》《书》者处死，以古非今者灭族，禁止私学，欲学法令者以吏为师。次年，查出犯禁的方士、儒生全部坑杀于咸阳。历史上，把这两件事称作"焚书坑儒"。

我们根据这段史料来看，焚书坑儒中所焚之书主要包括两部分，一部分是统一前的列国史记，另一部分是百姓私藏的《诗》《书》和百家之学。显然，《列子》作为百家之学，自然难逃被焚的命运。

那么，本该被烧毁的《列子》又是怎样流传下来的呢？接下来，我们就一起前往西汉，看一看《列子》是如何浴火重生的。

归去来兮，重生汉室

秦末战争及四年的楚汉战争，使整个社会经济凋敝，新建立的西汉政权府库空虚，财政困难，所以，西汉初年采用的治国思想是道家的无为而治，同时吸纳儒家与法家的思想，兼采并用。

"汉兴，改秦之败，大收篇籍，广开献书之路。迄孝武世，书缺简脱，礼坏乐崩，圣上喟然而称曰：'朕甚闵焉！'于是建藏书之策，置写书之官，下及诸子传说，皆充秘府。"经过秦始皇"焚书坑儒"和秦末战火的洗劫，刘汉建国以后文化典籍极其残缺。于是，皇朝下令废除挟书之禁，广开献书之路，并且派专人到各地搜求。经过一段时间的辛苦经营，终于有了一定规模。《汉书·艺文志》中提到的这位负责整理先秦典籍的重要人物，正是刘向。

刘向，原名刘更生，是汉朝宗室大臣，著名的经学家、文学家、古琴家，被称为"中国目录学鼻祖"。刘向、刘歆（xīn）父子大力倡导研究诸子之学，重新整理编纂了多部经历秦祸而散落遗失的先秦典籍，其中就包括这部大名鼎鼎的《列子》。

刘向在《列子·书录》中称："孝景皇帝时贵黄老术，此书颇行于世，及后遗落，散在民间，未有传者。"为此，刘向于内外书二十篇中，校除重复的十二篇，定为八篇，即"天瑞第一，黄帝第二，周穆王第三，仲尼第四，汤问第五，力命第六，杨朱第七，说符第八"。而在《汉书·艺文志》中，也有提到"刘向说列子八篇。名御寇，先庄子，庄子称之"。因此，我们可知正是刘向、刘歆父子及同时代的负责校书的官员，重新整理编订了《列子》八篇。

就这样，散佚多年的《列子》终于得以重见天日。可惜的是，刘向的这部《列子》也没能保存下来。汉武帝时期，实行"罢黜百家，独尊儒术"之道，大量的先秦典籍再次蒙灰封尘，散落民间。但是，相较于秦始皇的"批量焚毁"，汉武帝的手段就显得通情达理许多，这也给《列子》及其他典籍的传世留下了一线生机。

一波三折，终能传世

就这样，《列子》在西汉短暂复兴后，再次散落民间。直到西晋，永嘉之乱①，贵族文士们携大量藏书被迫渡江，一路慌乱，难免有所残损，刘向版本的《列子》也因此而残缺不全。而后，经由东晋张湛搜罗整理加以补全。现在我们能见到的最早版本，便是这本《列子注》八篇。

张湛，字处度，东晋学者，魏晋玄学的代表人物，曾任中书侍郎、光禄勋，著有多部作品，《列子注》便是其中最著名的一部。

张湛在《列子注》序中也提到过，其祖父早年和王弼一起逃难，曾带走一部分王家的藏书。所录书中，有《列子》八篇。及至江南，《列子》唯余《杨朱》《说符》《目录》三卷。后经多方收集，"参校有无，始得全备"。此番说法，与其他史料记载也可对照自洽。

因此，我们可以认定，正是张湛依照《汉书·艺文志》所记八篇，在残本的基础上，编撰成今本《列子》。由于在编撰过程中，为疏通文字，连缀篇章，必然也会加入张湛本人的一些思想，以及

① 永嘉之乱：指西晋怀帝永嘉五年（311年），匈奴军队在刘渊之子刘聪率领下击败西晋京师洛阳的守军，攻陷洛阳并大肆抢掠杀戮，俘虏晋怀帝等王公大臣的一场乱事。这场战乱使得中国北方经济完全崩溃，中国再次走向分裂。中国北部进入战乱不休的十六国时期；南方则建立起东晋政权，史称"衣冠南渡"。

他汇编的一些内容。所以，我们可以从如今这版《列子》中窥得一些魏晋时期的思想内容和语言文字，想来这也是可以理解的。若只因这些"超前"的内容，而将《列子》看作完全为后人所作的伪书，难免有些武断与不妥。

至于有观点认为《列子》中有部分内容与佛教经典有所重叠，朱熹在《语类》中也说得十分明白："佛经至晋宋间乃谈义，皆是剽窃老庄、取列子为多。"

因此，依据现有资料来看，我们可以确认《列子》为列御寇原著，由其弟子整理成书，经刘向校编、张湛重新整理所注。

厘清了真伪辩题，也确认了作者是谁，我们继续说回《列子》的传世经历。在先秦诸子中，列子对生命的看法可以说是最为达观磊落的，因此，《列子》一书经张湛整合后重新问世，受到崇尚玄学的晋人的欢迎，也就不令人意外了。

《列子》及其中的思想内容，经过西晋的发展，在唐宋时期达到顶峰。唐玄宗下旨设立"玄学博士"，诏告《列子》为《冲虚真经》，又指定《老子》《列子》《庄子》《文子》为必读之书，时号"四玄"。到了北宋，宋真宗赵恒又在"冲虚"二字后面加封了"至德"二字，书名又成了《冲虚至德真经》，并将其列为道教的重要经典之一。直到今日，我们仍能从这部经典中汲取到养分，足以证明其不菲的思想价值。

我们该如何阅读《列子》

"万物自天成，盗者无本心，光阴若逆旅，生死不及情。"

如果要选一句话概括整部《列子》的大意，一定没有比上面这句话更妙的了。

看到"逆旅"一词，同学们是不是立刻想到苏东坡那句经典的"人生如逆旅，我亦是行人"？但是要注意了，上文所说的"逆旅"与苏大学士说的完全不是一码事，绝不可以理解为"旅社"的意思。

在道家经典中，我们会经常看到"旅归"一词，指的是人的生命。因为在道家看来，生命就像短暂的旅途，而与此相对的、象征永恒的则是不变的道。那这句"光阴若逆旅，生死不及情"，是不是就很好理解了呢？生命的意义就是在时光中不停地反复，生或死都是虚妄，不如情义长存。此话正体现了列子贵虚的思想，即万物皆虚妄。

或许正是因为贵虚学派缥缈如风的追求与气概，同样作为道家名著，《老子》《庄子》《列子》虽常被并提，但在学界，人们更多地将《列子》看作一部玄学著作。可若是带着"玄学"的有色眼镜去阅读，你就会发现虽然《列子》对晋代玄学的发展产生了极大影响，但从本质上讲，二者有极大的差异，而世人往往对《列子》一书存在误读和偏见。

那么，关键的问题来了，我们究竟应该如何阅读《列子》呢?

《列子》又名《冲虚经》，是道家的经典著作，也是先秦思想史上的重要著作之一。因此，在阅读具体篇章时，同学们一定要围绕其精髓意旨展开思绪。

首先，从思想主旨来说，《列子》追求一种冲虚自然的境界，体现了道家对精神自由的心驰神往。

其次，就内容形式而言，书中收录了众多先秦时期的民间传说、寓言故事和神话传说等，都带有警世的意味，包含深刻的哲学思想，同时具有一定的文学价值。其中，以《天瑞》《力命》《杨朱》三者为最。《列子》通过这些有趣易懂的故事，向人们传达着深刻的哲理，即万物产生于无形、变动不居，任何事物都不一定是完美的，因此，人要掌握并利用自然界的规律。

对此，蒲松龄曾说："千古奇文，至庄、列止矣。世有恶其道而并废其言者愚，有因其文之可爱而探之于冥冥者则大愚。盖其立教，祖述杨、老，仲尼之徒，所不敢信，而要其文洋恣肆，诚足沾溉后学。"简单来说，抛开书中的道家哲思不看，只是这些深入浅出的寓言故事，《列子》也值得我们认真读上几遍了。

的确如此，与先秦时期的其他作品相比，《列子》中的寓言故事和神话传说，不仅有趣，还有教益。例如，《列子学射》告诉我们，在学习中，不但要知其然，还要知其所以然；《薛谭学讴》告诉我们，知识技能的学习是没有尽头的，不能只学到点皮毛就满足了；《牛缺遇盗》告诉我们，遇到险境不能逞英雄，要从实际情况出发，以智取胜才是上策；《两小儿辩日》告诉我们，要从多个角度看问题，不能以偏概全；等等。

　　其实，《列子》中的每篇故事，不论长短，都自成系统，各有主题，充满智慧和哲理，而且浅显易懂，饶有趣味，只要我们逐篇阅读，细细体会，都能有所收获。

　　如果说《庄子》的风格如肆意的汪洋，梦幻且恢宏，那么《列

子》便称得上简劲宏妙，叙事也更具小说家的笔法。宏阔的视野、精当的议论及优美的文笔，无一不体现着先秦诸子著述隽秀、凝练而警拔的美感。

对此，南北朝时期的著名文学评论家刘勰（xié），就曾在《文心雕龙》中评价道："列御寇之书，气伟而采奇。"北宋学者陈景元也曾高度赞扬："辞旨纵横，若木叶干壳，乘风东西，飘飘乎天地之间，无所不至。"

综观《列子》八篇，《天瑞》探寻宇宙本源，《黄帝》《仲尼》谈修身之道与处世哲学，《力命》述天道无常，《周穆王》叹浮生若梦、得失哀乐皆为虚妄，《杨朱》辨寡欲与纵欢之间的取舍，《汤问》意在帮助人们突破自身知识的局限，认识更为广阔的世界，末篇《说符》则深度讨论人道。可谓篇篇皆精华，句句显意趣。

这是一部道学经典之书，每个故事都渗透着自由、平衡、和谐的哲学思想。

这是一部成长励志之书，以风趣幽默的语言，给予我们深刻的人生启示。

这也是一部宇宙百科之书，引领我们探索人性与宇宙的玄妙关系。

都说列子是御风之人，而奇书《列子》亦传承着风的特性。自古以来，对这本书的解读，便没有固定答案，正如旷野之风，无形无态，无有定式。所以啊，少年们，请继续翻开书，阅读吧！乘上这段清风，读出你心中的《列子》！

来读风一般的"童话"

人生四季

请带着兜风的心情过一生

同学们听说过古埃及和古希腊神话吗？两个神话中都有一个非常有名的怪兽，叫作斯芬克斯。

在古埃及神话中，埃及第四王朝的法老哈夫拉就是按斯芬克斯的形象建造了举世闻名的狮身人面像。

在古希腊戏剧《俄狄浦斯王》中，斯芬克斯坐在忒拜城附近的悬崖上，常常问过路人一个谜语："有一种生物，早晨用四只脚走路，中午用两只脚走路，傍晚用三只脚走路。这是什么生物？"现在我们都知道，谜底就是人类。生命的早晨，我们是嗷嗷待哺的婴孩，只能四肢着地爬行；生命的中午，不仅可以自如地直立行走，还能健步如飞；到了生命的傍晚，我们需要拄着拐杖作为第三只脚，才能缓慢移步。

可同学们知道吗，中国人早在更遥远的战国前期就参透了这一终极奥秘。来看看列子是怎么说的：

人自生至终，大化❶有四：婴孩也，少壮也，老耄❷也，死亡也。其在婴孩，气❸专志一，和❹之至也；物不伤焉，德❺莫加焉。其在少壮，则血气飘溢，欲虑充起；物所攻❻焉，德故衰焉。其在老耄，则欲虑柔焉；体将休焉，物莫先焉；虽未及婴孩之全，方❼于少壮，闲矣。其在死亡也，则之于息焉，反其极矣。

❶ 化：变化。
❷ 耄（mào）：年老。古代称八十、九十岁为"耄"。
❸ 气：人的精神状态。　❹ 和：淳和。　❺ 德：品格与质性。
❻ 攻：侵扰。　❼ 方：比较。

意思不难理解。人从出生到死亡，大体经历四个阶段：婴孩、少壮、年老和死亡。人在婴孩阶段，神气专注，意志专一，最是和谐；外物伤害不到他，不需要添加德行。到了少壮阶段，血气方刚，各种欲望和思虑聚集体内，杂念多了，外物便来侵扰，德行难免有失。年老之际，七情六欲渐渐弥散，身体即将安息，外物也不再来袭；虽然比不上婴孩时期，但相较于少壮阶段，整个人安稳闲静多了。死亡而至，也是完全安息阶段，这时人类复归了自然的本质。

读到这儿，同学们是不是觉得同样是探讨生命的本源，列子的思想深度明显超越了斯芬克斯之谜，他不只看到事物变化的表象，还揭示了人与环境之间是双向互动的，彼此影响，彼此呼应。人们的生理改变、心智成长、品德盛衰以及外在事物的影响构成了生命的周期，这是一个很自然也很普通的过程，一个人若能顺势而为认识自我，也是一件非常幸运的事。

同学们不妨把以上四个阶段看作人生的四季，就带着兜风的心情，一路走，一路看，一路收获每一季的不同风景吧！

人生四季

　　在列子看来，婴孩期是最完美的阶段，而同学们正处于从婴孩向少壮过渡的时段，生机勃勃、精力充沛，正是培养认知力、学习力的好时机；同时，自我意识的不断觉醒，也带来更多的好奇心、窥探欲，极有可能出现"物所攻焉，德故衰焉"的情况，这对专注力、意志力的养成都是不小的挑战哦！

　　希望同学们能够珍惜自婴孩时期带来的纯真自然的赤子情怀，也能时刻调整伴随成长而来的浮荡心境。毕竟生命只有一次，越早懂得珍惜它，它才越有价值。

焉：文言虚词中的"斜杠青年"

细读这段原文，同学们还有其他发现吗？没错，一个"焉"字出现了八次，相当高频！有一定古文基础的人都知道，"焉"字属于虚词。虚词在文言词语中只占一小部分，作用却很强大，解释也很灵活。

同学们看出这八个"焉"分别是什么意思了吗？仔细读一读，"物不伤焉"，翻译成现代文是：外物伤害不到他。这个"他"是从哪里来的？没错，"焉"在这里是代词，与"之"的用法相同，代指"他"，即前面提到的婴孩。后文中的"物所攻焉""物莫先焉"，也是同样的用法。

那么"德莫加焉"的"焉"也是代词吗？仔细想一想，这句翻译成现代文是：不需要添加德行。其中没有多出来的不可省略的宾语"他"，所以句末的"焉"是语气助词，没有实际意义。后文中的"德故衰焉""欲虑柔焉""体将休焉""之于息焉"，用法相同。

除代词和语气助词外，"焉"有时还会以兼词的身份出场。例如，《论语》"三人行，必有我师焉"一句中的"焉"就是兼词，译为"在其中"。

下面，我们用思维导图的形式来总结一下"焉"字在本文中出现的几种用法，看看同学们都记住了吗？

作代词

与"之"的用法相同，代指"他""它"等

如《捕蛇者说》中的

以俟夫观人风者得**焉**

以期待那些考察民风的人知道它（这种情况）。

作语气助词

没有实际意义

如《列子·汤问》中的

寒暑易节，始一反**焉**。

一年的时间，才往返一次。

作兼词

相当于"于是""于此"

如《劝学》中的

积土成山，风雨兴**焉**。

风雨于此兴起。

焉

用比较流行的说法，古文中的虚词"焉"有点像"斜杠青年"，身兼多职，短短一句话中可能出现多种词意，驾驭各种词性的能力杠杠的。同学们在分辨它的具体用法和含义时，可以试着先将句子译成现代文，再倒推回去，这样就很容易确定词意啦！

如果年龄这么文艺，你还怕老吗？

文中出现了一个有点眼生的词——老耄。

"耄"字多与"耋"（dié）字联袂，组成"耄耋"一词。耄，指八十岁至九十岁；耋，指八十岁。二字连用旧指年纪很大的人。曹操在《对酒》中有"人耄耋，皆得以寿终。恩泽广及草木昆虫"句，翻译成现代文就是，人年纪大了，都能长寿而终老；君主的恩德深广无边，可以遍及草木和昆虫。

借此我们不妨拓展一下文言中关于年龄的称呼，对同学们日后的文言文学习还是很有帮助的。

幼年

初度：小儿初生之时

襁褓：未满周岁的婴儿

孩提：2～3岁的儿童

始龀：男孩8岁，女孩7岁

总角：八九岁至十三四岁

指数之年：9岁

黄口：10岁以下

幼学：10岁

外傅之年：10岁

少年

金钗之年：女孩12岁

豆蔻年华：指女子十三四岁

舞勺之年：男孩13~15岁

及笄：女子满15周岁

青年

成童：15~17岁

舞象之年：男子15~20岁

二八：16岁

破瓜、碧玉之年：女子16岁

加冠、弱冠：男子20岁

桃李年华：女子20岁

花信年华：女子24岁

而立：30岁

始室：30岁

中年

不惑：40岁

艾、半百、知天命、知命之年：50岁

六九年：54岁

老年

耆、耳顺、耳顺之年、花甲之年：60岁

下寿：60岁以上

古稀之年、从心之年、悬车之年、杖围之年：70岁

喜寿：77岁

耋：80岁

朝枚之年、朝枝之年：八九十岁。

伞寿：80岁

米寿：88岁

上寿：90岁

期颐：100岁

幼年

襁褓：未满周岁的婴儿
总角：八九岁至十三四岁
黄口：10岁以下
外傅之年：10岁

少年

豆蔻年华：指女子十三四岁
舞勺之年：男孩 13~15岁
及笄：女子满15周岁

老年

耆、耳顺、耳顺之年、
花甲之年：60岁
古稀之年、从心之年、
悬车之年、杖围之年：70岁
期颐：100岁

如果年龄这么文艺，你还怕老吗？

中年

不惑：40岁
艾、半百、知天命、
知命之年：50岁

青年

舞象之年：男子 15~20岁
二八：16岁
加冠、弱冠：男子20岁
桃李年华：女子20岁
而立：30岁

杞人忧天

过度焦虑是一种病，得治

如今，"焦虑"已经成为人们挂在嘴边的词汇，这股风甚至从社会吹到校园：担心考试挂科，担心将来录取不到好学校，担心自

已达不到老师和家长的预期……焦虑的内容五花八门。其实在遥远的古代，这种过度焦虑也不少见。今天，我们就拿一个特别离谱的人做例子，讲讲他的故事。

杞国有个人，整天担心天会塌下来，地会陷下去。他因此焦虑得吃也吃不下，睡也睡不好。朋友很担心他的精神状况，就去开导他："天是大气充积而成的，怎么可能掉下来？！"杞国人说："就算真如你所说天不会掉下来，可天上的日月星辰谁敢保证不会掉下来呢？"朋友说："日月星辰也是气体积聚而成的，当然也掉不下来啊！"杞国人说："这么说，天是暂时不用担心了。可地要是陷下去怎么办呢？"朋友说："一块块的土积聚成大地，到处是土块，大地怎么可能会陷下去？"杞国人说："听你这么说，我就放心了。"

长庐子听说了这件事，发表了自己的看法。他认为虹霓呀，云雾呀，风雨呀，这些都是气在天上积聚而成的。山岳呀，河海呀，金石呀，这些都是有形之物在地上积聚而成的。

他说：

夫天地，空中之一细❶物，有中之最巨者。难终难穷，此固然矣；难测难识，此固然矣。忧其坏者，诚为大❷远；言其不坏者，亦为未是。

❶ 细：细微。

❷ 大（tài）：同"太"。

他的意思是，天地作为宇宙中最大的有形物，无穷无尽，常人难以认知。说它们会崩塌吧，好像担忧过了头；说它们不会崩塌吧，也不正确。所以，天地终有崩塌的一天，如果真的恰巧遇到，担忧也是可以理解的。

列子觉得天地会损毁是一种很荒谬的说法，天地不会损毁的观点同样荒谬。在他的认知里，天地的状况是人所不能了解的事。正如活着的时候不知道死后的事，死后也不知道生前的情形，未来不知道过去的事，过去也无法预知将来。既然如此，天塌地陷又何必放在心上呢？

文中的杞国人、杞国人的朋友、长庐子和列子，各持己见，但列子的看法最值得推崇。天塌地陷这种难以预料又无能为力的事，本就不应在普通人的焦虑范畴。我们在生活中也会因为一些事而感到焦虑，从某种角度来看，这和杞国人没什么两样。一般来说，值得人们焦虑的事无非可解决和无能为力两种。对于可解决的事，我们要行动起来，去控制；对无能为力的事，则要学会放下，与焦虑和解。书要一页页读，题要一道道解。卸掉身上的焦虑枷锁，做一个行动派和乐天派，去与所有的美好不期而遇。

杞人忧天

　　以前我们说起"杞人忧天"的故事，都是在讽刺杞国人。随着后人不断地解读，我们发现，这个故事其实更多地展现了古人对宇宙的探索和认知：天是什么？地是什么？日月星辰又是什么？虽然这些认知受到科技和时代发展的局限，但他们对天地的分析，其实也是人类探索宇宙的开始。

　　同学们在学习中，也要秉承这种大胆想象的精神，尤其是在科技发展迅捷的今日，我们更应该站在巨人的肩膀上，展开探索的翅膀，尽情地翱翔在知识的天空中。

神出鬼没的"之"

在"杞人忧天"的故事里，"之"字不止出现了一次。众所周知，"之"是古文中的常客，也是同学们的老朋友。那么我们现在就来讲讲"之"的几种常见用法：

如唐代诗人王勃所作的
《送杜少府之任蜀州》
送杜少府去蜀州任职

作动词

用来表示动作的方向或目的，相当于现代汉语中的

到 往 去

如"杞人忧天"故事中的
因往晓之
就去开导他（代指杞国人）。

作代词

可以代表
人 事 物

如《曹刿论战》中的
公与之乘
鲁庄公和他（代指曹刿）共坐一辆战车。

如《马说》中的
策之不以其道
不按照驱使千里马的正确方法驱使它（代指千里马）。

"之" 在定语和中心语之间，作为 **结构助词**，可译为 **的**

如 "杞人忧天" 中的

又有忧彼之所忧者

另外又有一个人为这个杞国人的担心而担心的人。

"之" 在主语和谓语之间，取消句子独立性，没有实际意义

如 "杞人忧天" 中的

日月星宿，亦积气中之有光耀者

日月星辰也是积聚的气体中那些能发光的。

作助词

助词 "之" 身兼数职，在分辨具体用法时，同学们可以根据 "之" 所在的位置进行辨别

在疑问句中，"之" 在宾语之后，作为 **宾语前置的标志**

如《陋室铭》中的

何陋之有

有什么偏僻的呢？

"之" 在被修饰的中心语之后，作为 **定语后置的标志**

如《马说》中的

马之千里者

日行千里的马。

"之" 在句末，作为 **语气词**，不影响句子的意思

如《曹刿论战》中的

公将鼓之

鲁庄公将要下令击鼓进军。

　　总而言之，**"之"** 在古文中是一个多功能的词语，堪称神出鬼没，既可以作为动词、代词或助词使用，也可以在不同的语境中发挥不同的语法功能。这就需要同学们多看多读多练，才能练就一双火眼金睛！

"成语搭子" 知多少

故事的主角杞国人因为对天塌地陷的担忧，吃不下饭，睡不着觉，焦虑到了病态的地步，由此衍生出"杞人忧天"这个成语，用

天下本无事，
庸人扰之为烦耳。

陆象先

来借指为不必要忧虑的事情而忧虑。

杞人忧天还有很多词义相近的"成语搭子"，如这个经常和它联袂出现的——庸人自扰。

"庸人自扰"出自《新唐书·陆象先传》。陆象先是唐朝的监察御史，为人正直，有才干，因此触怒皇帝被贬到地方任职。他到任后施政宽厚，助手劝他用严刑建立威信，他并不认同。一次，一个官员犯了罪，陆象先训诫后就放了他。助手说："他这样的错，应该挨一顿棍棒才对。"陆象先说："人都是有感情的，他犯了错，我责备了他，他一定会记住教训。而且，他是你的手下，你管教下属不力，这棍棒你也脱不开干系吧？"助手听了，十分羞愧。

陆象先说："天下本来没什么大事，不过是一些见识浅薄的人自寻烦恼，结果一些简单的事也被复杂化了。从根本上解决问题才是做事之道。"

陆象先的"天下本无事，庸人扰之为烦耳"后来演化出"庸人自扰"的成语，比喻平庸之人无事生事，自找麻烦。它和杞人忧天词义相近，也有一定的区别，杞人忧天侧重"忧"，庸人自扰侧重"扰"，同学们用的时候要注意哦！

向氏为盗

此"盗"非彼"盗"

　　说到盗窃，大家都知道是不可取的行为。然而，有人居然凭借"盗窃"发家，还成功地将向他请教致富经验之人带偏，助其走上一条不归路。今天，我们就来看看这个让人啼笑皆非的故事吧。

齐国有个姓国的人，家里非常富有。宋国有个姓向的人，穷得几乎揭不开锅。向氏就跑到齐国向国氏请教致富之法。

国氏说："本人发家全靠'盗窃'。第一年就实现自给，第二年称得上富足，第三年已经阔绰得不得了。除了自己享受财富，我还会接济亲朋邻里……"

没等国氏把话说完，向氏就自以为得到真传，转身跑了。回到家，向氏翻墙挖洞，干起了货真价实的盗贼生意。凡是眼睛看得见的、手指够得着的都不放过，三乡五里被他偷了个遍。没多久，东窗事发，他不仅受到惩罚，不义之财也被尽数没收，变得比以前还穷困。

向氏觉得这样的下场全是拜国氏所赐，气呼呼地跑去找国氏理论。国氏听了他的话，说：

吾闻天有时，地有利。吾盗天地之时利，云雨之滂润❶，山泽之产育，以生吾禾，殖❷吾稼，筑吾垣❸，建吾舍。陆盗禽兽，水盗鱼鳖，亡非盗也。夫禾稼、土木、禽兽、鱼鳖，皆天之所生，岂吾之所有？然吾盗天而亡殃❹。夫金玉珍宝，谷帛财货，人之所聚，岂天之所与？若盗之而获罪，孰怨哉？

❶ 滂润：灌溉滋润。
❷ 殖：繁育。
❸ 垣：墙。
❹ 殃：灾患，祸害。

国氏说自己的"盗窃"和向氏的盗窃可不是一回事。他"盗取"的是天地的公共财产，天上的飞禽、地上的走兽、水里的鱼虾龟鳖……利用这些资源，并付出劳动，才成就了自己的财富。可向氏偷的金玉珠宝、谷帛财货都是别人的私有财产，怎么可能不受到惩罚呢？

向氏听后一头雾水，又去请教东郭先生。东郭先生说："要这么讲，别说身外之物了，连你这个人不也是偷窃了天地之气，阴阳调和而成的吗？国氏所盗的公产不妨害他人，所以不被惩戒；你盗窃的私产，才遭受惩罚。但说到底，所谓公私，不过是天地的大德罢了。"

向氏为盗

富人国氏口中的"盗"，其实是一种文字游戏。他利用天时种庄稼、猎物来积攒财富，走的是坦坦荡荡的正途。看似是国氏故作高深才将向氏引向歧途，他也的确在最后"甩锅"："若盗之而获罪，孰怨哉？"意思是，向氏都没听清他"盗窃"的精髓就心急跑了，这可怪不得他。但归根结底，是向氏心怀恶念，才终将自己推上了不归路。读完这个故事，我们应该牢记：行事心怀坦荡，不以恶小而为之，用劳动获取自己想要的，才是人间正途。

故事的结尾，东郭先生关于天地大德的论述，则属于哲学范畴，如何理解，就需要同学们去进行更深层次的思考了。

倒装句：古人说话也混搭

国氏那句"若盗之而获罪，孰怨哉"翻译成现代汉语就是，你偷盗它们而被判罪，又能怪谁呢？是明显的宾语前置倒装句，即"孰怨"是"怨孰"的倒装。在文言文中，倒装句很常见，除这篇文章中出现的宾语前置外，还有主谓倒装、定语后置等。

同学们都知道，文言文中谓语的位置通常排在主语之后。但在某些疑问句或感叹句中，为了强调谓语的存在，就会将其提到主语之前，这就是主谓倒装。比如，《愚公移山》中的"甚矣，汝之不惠"，意思是"你太不聪明了"。正常语序应是主语在前、谓语在后，即"汝之不惠甚矣"，而此处为了强调感叹语气就将谓语提到了主语之前。同学们可以把两句都读一下，是不是觉得前者的感叹意味会更加强烈呢？

定语后置，顾名思义，就是为了强调定语，而把定语放在中心语之后。比如，《马说》中的"马之千里者，一食或尽粟一石"，翻译成现代汉语就是"能日行千里的马，一顿有时能吃掉一石小米"。前半句的正常语序应是"千里之马"，此处将定语后置是为了突出"千里"。还有《劝学》中的"蚓无爪牙之利，筋骨之强"，意思是"蚯蚓没有尖利的爪牙，强健的筋骨"，那么正常语序就应该是"利之爪牙，强之筋骨"。

聪明如你一定注意到了，这两种定语后置的情况都出现了同一个关键字——之。没错，"之"通常会作为定语后置的标志出现。下次再在古文中遇到这个字，同学们就要警惕啦！

老好人变身哲理大家?

想必同学们都听过《东郭先生和狼》的故事。东郭先生偶遇被猎人追赶的狼,生出恻隐之心,助它脱险。危机一过,狼露出本性,想要吃掉恩人。最终,东郭先生为他人所救,狼自食恶果。从此,"东郭先生"成了不辨是非、滥施同情心的老好人代名词。

在向氏为盗的故事里,也出现了一位东郭先生。据说他复姓东郭,名重,是春秋时期的齐国隐士。

其实,"郭"原指古时的外城,也就是在城的外围加筑的一道城墙。有一种说法,东郭源于姜姓。东周列国时,齐桓公有子孙住在都城临淄外城东门一带,人称东郭大夫,后来便以东郭为姓。说到这里,你是不是想起了《滥竽充数》中的南郭先生?那么有没有西郭先生和北郭先生呢?好奇的话,就去查一查吧!

北郭先生？

东郭先生

西郭先生？

南郭先生

鸥鹭忘机

做人可以不完美，但必须真诚

同学们知道"喜欢"和"爱"有什么区别吗？有人说，爱就是强烈的喜欢，喜欢到想占为己有。真是这样吗？看看列子是怎么看待这个问题的。

> 海上之人有好沤[1]鸟者，每旦[2]之海上，从[3]沤鸟游[4]，沤鸟之至者百住[5]而不止。其父曰："吾闻沤鸟皆从汝游，汝取来，吾玩之。"明日之海上，沤鸟舞而不下也。

1. 沤（ōu）：通"鸥"。
2. 旦：天亮，早晨。
3. 从：跟着。
4. 游：玩。
5. 百住：数以百计。住，当作"数"。

海边有个渔人特别喜欢海鸥，每天早晨都去海上和鸥鸟玩，群鸟也把他当作好朋友。试想一下，成百只鸟围着一个人盘旋，该是多么热闹且壮观的奇景！渔人的父亲看在眼中，也不知出于什么心理，对儿子说："我听说鸥鸟都喜欢和你玩，你抓来一只给我玩玩呗！"渔人谨遵父命，第二天来到海边，谁知上百只海鸥仿佛通人性似的，只肯在他头顶盘旋、飞舞，没有一只肯落下来"自投罗网"。

> 故曰：至言去言，至为无为。齐智之所知，则浅矣。

所以说：最好的语言是没有语言，最高的作为是没有作为。同别人比试心机，那是很浅薄的。

列子是想告诉我们：只要诚挚以待，不怀二心，木石也会与你亲近。诚心充于内、坦荡形于外，即便不能完全消除猜忌和私欲，也不会产生龃龉[1]隔阂。为人处世，贵在真诚。一旦心生暗鬼，无论怎样粉饰，总会露出马脚，谁也不愿与居心不良者交往。鸥鸟之所以与"好沤鸟者"做朋友，是因为他此前胸襟坦荡，对鸟儿的喜爱发自内心，因而它们并不惧怕他。可一旦窥知他心有所图，不再坦诚，群鸟自然避之不及。

你说这个渔人心肠坏吗？也不是，但缺乏主见和判断力倒是真的。他对鸥鸟的喜爱不假，也是一名真孝子。他当然知道鸥鸟属于天空，若被捉来充当人类的玩物，不仅失去自由，还扼杀了其天性，是对鸟儿的伤害。但他不经任何思考，只把无条件满足父亲的私心置于首位，看似以孝为先，其实是一种没有原则、缺乏独立思考的表现。最后，既没能讨好父亲，又落得形单影只，回味当初与鸟共舞时那种无忧无虑、无欲无求的纯真快乐，渔人必定是百感交集，欲哭无泪吧！

做人，可以不完美，但必须真诚。

---

[1] 龃龉（jǔ yǔ）：本指上下牙齿对不齐，后比喻意见不合、互相抵触。

鸥鹭忘机

　　这则故事被后人总结为一个成语——鸥鹭忘机，指像鸥鸟一样与白沙云天相伴，完全忘却心计。换言之，人无巧诈之心，异类也愿与之亲近，后比喻淡泊隐居，不以世事为怀。反之，当人们心生邪念时，连禽鸟都唯恐避之不及，更不要说周遭之人了。人类自诩是万物灵长，就可以为所欲为吗？飞鸟属于天空，却要使用非常手段约束它们而满足私欲，自作聪明的结果就是鸡飞蛋打，别说染指了，就是想像过去那样稍微亲近一下都不可能了——这就是"好沤鸟者"的悲剧。

　　同学们别忘了，无论多高级，人类依旧是动物，而且是社会性动物，不能脱离群体存在。既然生活在群体中，就少不了人际交往和情感交流，二者都需建立在真诚的基础上，当你付出爱与善意时，换来的自然是信任与和谐。若只从私心出发，久而久之就成孤家寡人了。

古人怎么表示"你、我、他"？

还记得渔人之父说了什么吗——"吾闻沤鸟皆从汝游，汝取来，吾玩之。"这句话中出现了两个人称代词，一个是"吾"，另一个是"汝"，同学们知道它们分别代指什么吗？

"吾"作为第一人称，代指"我"；而"汝"作为第二人称，代指"你"。这句翻译成现代汉语就是，我听说鸥鸟都喜欢和你玩，你抓一只来，给我玩玩。

那么，除了"吾"和"汝"，古人还用哪些人称代词表示"你、我、他"呢？一起来了解一下。

在文言文中，作为第一人称代词出场频次较高的，除了"吾"，便是"余"了。例如，《核舟记》中"尝贻余核舟一"的"余"，就代指"我"。《爱莲说》中，周敦颐则用"予"来代指"我"，同学们耳熟能详的"予独爱莲之出淤泥而不染"，翻译成现代汉语就是，我唯独喜爱莲花，从淤泥中长出来，不沾染污秽。

作为第二人称的文言代词就更多了。除"汝"外，常见的还有《秦晋崤（xiáo）之战》中"尔何知"的"尔"，《江南逢李龟年》中"落花时节又逢君"的"君"，《鸿门宴》中"若入前为寿"的"若"，《示儿》中"家祭无忘告乃翁"的"乃"，以及《诗经·邶风·击鼓》中"执子之手，与子偕老"的"子"，等等。

第三人称"他"没有专门的代词，古人常用"**其**"和"**之**"来代指，随便翻开一篇古文，俯拾皆是。这就需要同学们在具体语境中进行具体分析了。

吾

如本文中的

吾闻沤鸟皆从汝游

我听说鸥鸟都喜欢跟你一起玩。

我

余

如《核舟记》中的

尝贻**余**核舟一

他曾经送给**我**一个用桃核雕刻成的小船。

予

如《爱莲说》中的

予独爱莲之出淤泥而不染

我只喜爱莲花从淤泥中长出却不被沾染污秽。

你

汝
如本文中的
汝取来
你抓一只来。

尔
如《秦晋崤之战》中的
尔何知
你知道什么。

君
如《江南逢李龟年》中的
落花时节又逢**君**
在这暮春季节再次遇见了你。

若
如《鸿门宴》中的
若入前为寿
你进去上前祝酒。

乃
如《示儿》中的
家祭无忘告**乃**翁
举行家祭时不要忘了告诉你们的父亲。

子
如《诗经·邶风·击鼓》中的
执**子**之手，与**子**偕老
与你的双手交相执握，伴着你一起垂垂老去。

他

其

如《岳阳楼记》中的

其必曰：'先天下之忧而忧，后天下之乐而乐'乎

他一定会说："在天下人担忧之前先忧，在天下人快乐之后才乐！"

之

如《曹刿论战》中的

公与**之**乘，战于长勺

鲁庄公和**他**同坐一辆战车，在长勺和齐军作战。

好素材，抢着用

好的典故就像绝佳的温床，能够孵化出更多为人称道的新典故。

"鸥鹭忘机"就是这样的典故孵化器，因寓意深刻、境界高远，为后世众多名家所喜爱，被屡屡化用和引用。

李白有"天清江月白，心静海鸥知"的佳句，意思是只有心地纯正无邪、自然淡泊，鸥鸟才会与之友善而不具防备之心，人与自然才会和睦相处。

李商隐用"海翁无机，鸥故不飞"八个字，概括了"鸥鹭忘机"的核心思想。

辛弃疾在《水调歌头·和王正之右司吴江观雪见寄》中写出"谪仙人，鸥鸟伴，两忘机"，借以勉励受挫的友人：你这个被贬谪到人间的仙人，有鸥鸟相伴，两两消除了机巧之心。

除了在文学方面的贡献，"鸥鹭忘机"还点亮了音乐家的灵感。同名古琴曲为宋人刘志方所作，曲谱最早见于明代朱权所编的《神奇秘谱》。曲意隽永，指法细腻，哲理深邃，引导人们尊重和顺应自然，心境也随之而豁然开朗。整首乐曲旋律优美，结构巧妙，变幻莫测，极富中国式浪漫主义色彩。同学们不妨也找来听一听，说不定真能吸引知情知性的鸟儿前来做伴呢！

朝三暮四

换汤不换药，只为让你好受点儿

关于"欺骗"，同学们怎么看？是不是感到深恶痛绝，觉得骗人者可恨，而被骗者可怜？不过听完列子讲的这个故事，可能会颠覆你的认知哦！

春秋时期，宋国有个狙公①，深爱狝猴。爱到什么程度呢？不只在家豢养了一大群毛孩子，还日久生情，到了彼此心意相通的地步。狙公宁愿节衣缩食，也要富养宠物。结果猴子的胃口越来越大，眼看就要把主人吃破产了。狙公打算止损，就召集群猴开会。

他先是试探性地哄骗道：

> **与若①芧②，朝三而暮四，足乎？**
>
> ❶ 若：文言文中的人称代词，代"你""你们"，文中指群猴。
> ❷ 芧（xù）：橡树的果实，俗称"橡实"。

意思是，孩儿们，目前财政紧张，入不敷出，咱得节衣缩食，共渡难关。以后每天早上喂你们三升橡子，晚上喂四升，可好？话

---

① 狙（jū）公：古代喜养猴子的人。

音未落，群猴就炸锅了，差点儿把狙公当作橡子吃了。狙公临危不乱，思忖片刻又提议：

与若芧，朝四而暮三，足乎？

看到主人体察"猴情"，做出"让步"，毛孩子们转怒为喜，纷纷跪地高呼："谢谢老板！功德无量！"

聪明如你，是不是即刻拍案叫绝，还笑出了声——为狙公的狡猾叫绝，而笑猴子蠢。等等，明明是猴子被骗，咱们怎么还站队骗子了呢？其实，朝三暮四也好，朝四暮三也罢，猴子的权益半点儿没增加，结局却皆大欢喜，不过是聪明人善于制造极具迷惑性的表象，而愚笨者无法认清事物的本质。列子为故事这样作结：

圣人以智笼群愚，亦犹狙公之以智笼众狙也。名实不亏，使其喜怒哉！

圣人以智慧驾驭愚昧的凡民，如同狙公善用机巧笼络群猴。名义和现实都没变化，却能引发群猴产生高兴或恼怒两种截然不同的情绪。

换汤不换药，有时就是为了让你感到好受点儿，往往就是这点儿"好受"，会让人多多少少感受到一丝人文关怀，对于大多数常人来说，已经相当受用了。

朝三暮四

同样的意思换个说法就能让猴子转怒为喜，除了它们认不清事物的本质，就没别的原因了吗？

不知道同学们听没听过"时间价值"的概念。包子老师小时候那会儿五分钱就能买到一根雪糕，可今天的五分钱能干吗？换句话说，今年的一百元比N年后的一百元要值钱，早赚到当然好。现在，大家能理解猴子的"短视"了吧？谁知道狙公的话有多少可信度？说晚上喂四升就四升吗？那我们情愿现在就吃到那四升。

对于被包养的猴子来说，自身已不具备主动觅食的能力，听到"朝三而暮四"旋即"皆起而怒"，源自它们对受制于人的现状和充满不确定性的未来感到恐惧。在这样的处境下，鼠目寸光未尝不是群猴的最优选，却也是一条越走越窄的路。

所以，任何时候都不要轻信所谓"躺赢的人生"，人一旦失去奋斗的意志和能力，处境将变得岌岌可危。明智的人生，是无论身处哪种境地都能自给自足，绝不可将未来寄托在一个"狙公"身上。

乎：文言文中的"问号君"

我们今天看到的文言文大多是有标点的，那是为了方便断句理解人为加注的。事实上，原文是没有这么丰富的标记的，需要读的人熟悉古文用词的词性，通过词性来辅助断句和判断语义。故事中，狙公说了两次话，都出现了一个很重要的字——乎。

与若芋，朝三而暮四，足乎？

与若芋，朝四而暮三，足乎？

观察后不难发现，"乎"在这两句中充当的成分与用法是完全相同的，就是置于句尾，表示疑问语气，可译为"吗"。"足乎"的意思是"够了吗"。

这样的用法在文言文中十分常见。

请同学们仔细读一读，体会一下：此处的"乎"比起单纯的疑问，是不是更像是对说话者的观点或行为进行质疑，由此体现反问之意呢？

疑问句

置于句尾，表示**疑问语气**，可译为"**吗**""**呢**"

如《项脊轩志》中的

儿寒乎？欲食乎

孩子是冷呢，还是想吃东西呢？

反问句

置于句尾，表示**反问语气**，对说话者的观点或行为**进行质疑**

如《史记·廉颇蔺相如列传》中的

布衣之交尚不相欺，况大国乎

平民百姓之间的交往尚且互相不欺骗，更何况是大国之间呢？

乎

因此，阅读古文时，同学们若遇到了以"**乎**"字结尾的句子，就要注意啦！可以先结合上下文，思考一下"**乎**"在此处是否表示疑问语气，再根据具体语境判断这句话究竟是疑问句还是反问句。可不要小看了这一步骤哦，这将对我们理解作者的真正意图大有帮助！

无辜"躺枪"的朝三暮四

同学们有没有发现，很多古时的成语传着传着就变味了，如"朝三暮四"。

作为寓言故事，列子本是想告诫人们，一得一失往往是相对的，无论形式怎么多变，本质只有一种，要放下斤斤计较之心。奇怪的是，今天人们使用这个成语时，语义已经有了根本的变化，用来比喻做人做事变化多端，捉摸不定，反复无常。发生变化的具体原因已不可考，有一种猜测是使用成语的人并不十分清楚"朝三暮四"的出处，将它和"朝秦暮楚"混淆了。后者指的是战国时期，秦、楚两大强国对峙，经常发生战争。一些弱小国家出于自保的考虑，一会儿倒向秦国，一会儿倒向楚国，摇摆不定。后用"朝秦暮楚"比喻做人缺乏原则，反复无常。

估计就是因为两个成语结构形似，朝三暮四才无辜"躺枪"，被以讹传讹。天长日久，人们也就习惯把它理解为没有原则、反复无常了。

饱读诗书的你，还能想到哪个将错就错的成语呢？

呆若木鸡

真正的高手从来不露声色

　　读过"朝三暮四"的故事，我们知道有些成语在岁月长河的涤荡中，渐渐褪去原意，被赋予了截然不同甚至相反的新意，不信就来看看下面这个故事。

　　在遥远的战国时期，人们的认知水平有限，物质条件更是有限，因而娱乐活动并不丰富，斗鸡算是很有人气的一种，上至王公贵族，下至市井百姓，无不以此为乐。

　　周宣王好爱斗鸡，请来专业培训师为他调教极品斗鸡。十天后，周宣王问："鸡训练好了没？能参赛不？"培训师答："不行。它还没学到真本领，只知道倚仗骄傲之气，全是花架子。"过了十天周宣王又问。培训师还是摇头，说："不行。它一见对手就跃跃欲试，沉不住气。"十天后周宣王再问。培训师说："火候还不到，表面看这鸡不乱动了，却还不够沉稳。"又过了几天，培训师终于带来好消息：

几矣。鸡虽有鸣者，已无变矣。望之似木鸡矣，其德全①矣。异鸡②无敢应者，反走耳。

① 德全：德行完备。
② 异鸡：其他的鸡。

意思是，差不多啦！即使别的鸡大叫，它也不为所动，看上去就像一只木头鸡，已经具备了斗鸡的全部素质。别的鸡看到它都不敢应战，掉头就跑。

同学们还记得荆轲刺秦王的故事吧？荆轲那种一去不复还的英雄气概令人折服，但成大事者只有胆色是远远不够的。细读《史记·刺客列传》中关于荆轲和另一位鼎鼎大名的刺客盖聂[1]的交往，便不难推断出刺秦计划注定失败。当时，年轻气盛的荆轲剑术超群，加之为人张扬，好打抱不平，在江湖上的名声不小。然而，他的面前有一座绕不过去的高山，就是同期的剑术宗师盖聂。荆轲急于证明自己，"与盖聂论剑，盖聂怒而目之。荆轲出"。盖聂只朝他瞪了一眼，荆轲便尴尬地走开了，斗志尽失。众人不解，盖聂便说："这人不行啊，虽有些功力，但远未达到出神入化的境地。"这样的段位要去刺秦，还差得远呢！荆轲的英雄气概不假，但也只处于斗鸡"疾视而盛气"[2]的阶段，距离真正的高手尚有征程。而盖聂未动一剑，只用一个眼神就让对方偃旗息鼓，抱拳退场——这正是不战而胜的木鸡气场！

斗鸡也好，刺客也罢，讲的都是同一个道理：越是高级的人，看起来越普通。反而是那些低级的人，热衷于表现自己，唱着高调往前走。要知道，面对一览无余之人，是很难生出敬佩之意的。

---

① 盖（gě）聂：生卒年不详，以剑术闻名一时，为战国末期著名的剑客宗师。
② 疾视而盛气：怒目而视，气势旺盛。

呆若木鸡

　　故事虽围绕斗鸡展开，却生动地展现了两种截然不同的人物性格。

　　周宣王迷恋斗鸡，但只浮于表面，关心的只是选手能不能尽快上场，为他赢得足够的颜面。所以，他每过十天就要打听一下培训进度，急于求成之心昭然若揭，至于斗鸡的每一次进步，他才不关心呢！这种忽视努力过程、只看重结果的性格，常常会让人陷入某些负面情绪，如嫉妒、焦虑、暴怒，往往很难珍惜已经拥有的东西。

　　培训师深谙斗鸡养成之精髓，所有的训练都有理有据，最可贵的是，他能遵循本心，不受外界的干扰，即便领导的耐心已被消磨殆尽，依然能够做到面不改色、按部就班，不被"带节奏"。这种沉着淡定的心态不正是"木鸡"所具备的可贵素质吗？

矣：我可不是为了"押韵"而生

同学们还记得大功告成之前，培训师是怎么和周宣王汇报工作的吗？

几矣。鸡虽有鸣者，已无变矣。望之似木鸡矣，其德全矣。异鸡无敢应者，反走耳。

他在这里一口气说了四个"矣"，难道只是为了念起来押韵？其实，"矣"也是文言文里的主力干将，几乎是抬头不见低头见的存在。下面，简单科普一下它的功能。

常作为助词，出现在句尾，
用来强调语气或时态

表示肯定语气
强调事情已经完成

如《扁鹊见蔡桓公》中的
使人索扁鹊，已逃秦矣
派人去找扁鹊，（扁鹊）已经逃到秦国了。

表示推测语气
强调**事情将要完成**　→　如《赤壁之战》中的

事急而不断，祸至无日矣

事情紧急而不能当机立断，灾祸不久
就会到来。

表示感叹语气
可译为**"啊"**　→　如《愚公移山》中的

甚矣，汝之不惠

你太不聪明了啊！

表示请求语气
可译为**"吧"**　→　如《信陵君窃符救赵》中的

公子勉之矣！老臣不能从

公子努力去做吧！老臣我不能随行了。

表示疑问语气
常与**其他疑问词搭配出现**　→　如《齐桓晋文之事》中的

德何如则可以王矣

要有什么样的德行，才可以称王于天下呢？

厘清**"矣"**的五种用法后，请同学们想一想，文中的四个
"矣"分别对应哪种用法呢？

"几矣"翻译过来是"差不多了"，显然，**"矣"**是表示**推测语气**。

"鸡虽有鸣者，已无变矣"是说"即使有鸡叫，（它）已经没有

什么反应了"，"矣"强调的是肯定语气。

后面的"望之似木鸡矣""其德全矣"同样表示肯定语气，强调这只鸡已如木鸡一般。

那么，为什么此处要连用三个表示肯定语气的"矣"呢？我们再回到故事中看一下。这一句是培训师在向国君述职，当工作完成、大功告成之时，当然要自信地给出肯定的回答，也从侧面体现了培训师胸有成竹的态度。当然，结合国君屡次来问、培训师屡次否定的前文看，此处强调肯定语气，也可与前文形成鲜明对比，让故事变得更生动，语言也更富有节奏感，确实不失为一种实用的写作小技巧。

知识盲盒

一只"木鸡"的前世今生

这个故事正是成语"呆若木鸡"的出处。

"呆若木鸡"本是褒义，指一种高级的心理状态，即人在面对重大考验时能保持冷静和不失尊严的态度。但随着时光的流转，其命运也和"朝三暮四"一样，语义发生了变化，转向了完全相悖的负面。在当下更多竞争、更大格局、更尖锐的求胜心理下，"呆若木鸡"多指某人对突发状况感到震惊和无措，"木鸡"也不再是高手的代名词，而意味着低能、萎缩、胆怯、病态等贬义。

　　这就是语言发展的神奇之处，而探求一个词语或者成语的前世今生，也是一件很有意思的事，对吗？

前世　深藏不露　沉稳淡定　不战而胜

今生　低能　萎缩　病态　胆怯

呆若木鸡

夸父逐日

是人有大志，还是不自量力？

《列子》中有很多故事只寥寥数语，却留给后世无限遐思，"夸父逐日"就是代表之一。先来看看原文：

夸父不量力，欲追日影，逐之于隅谷[1]之际。渴欲得饮，赴饮河、渭[2]。河渭不足，将走北饮大泽[3]。未至，道渴而死。弃其杖，尸膏肉所浸，生邓林[4]。邓林弥广数千里焉。

[1] 隅谷：传说中日落的地方。也作"禺谷"。
[2] 河、渭：河，黄河。渭，渭河。
[3] 大泽：大湖。传说在雁门以北。
[4] 邓林：桃林。

夸父和太阳赛跑，想要追逐太阳的影子。太阳越过山海，速度快得惊人。夸父一路追赶，终于追到太阳隐没的隅谷边上。他跑得眼冒金星，嗓子像是着了火，就来到黄河与渭河边喝水。黄河、渭河的水被他一饮而尽，他还是觉得不解渴。夸父动身到北方大泽去喝，还没走到，就在半路渴死了。之后，他的身体开始腐烂。当初他丢弃的手杖在尸体的脂膏血肉中浸渍，年深日久，竟然长成一片

桃林。桃林绵延几千里，壮观异常。

在《山海经》中，对夸父的形象有所描述。他住在荒远的成都载天山上，平日喜欢手里拿着两条黄蛇玩耍，耳朵上还挂着两条。

无论是在《山海经》还是在《列子》中，夸父都被冠以"不量力"的头衔。"不量力"就是不自量力的意思。夸父追逐太阳最终葬送了自己的性命，被看作异想天开之举。

如今在"夸父逐日"的成语注解里，有不自量力和决心坚定两种含义，显然是两种极端的观点。陶渊明是夸父的坚定拥趸。他在《读山海经十三首·其九》中歌颂这位失败的英雄："夸父诞宏志，乃与日竞走。俱至虞渊下，似若无胜负。神力既殊妙，倾河焉足有！馀迹寄邓林，功竟在身后。"赞美夸父敢与太阳竞走的远大志向，认为夸父和太阳同时到达日落处，不分胜负。而夸父丢弃的手杖化为桃林，正是对他功绩垂千古的赞扬。

而逐日的梦想，本身就足够伟大。《南史·齐本纪上》中就提到过"逐日"一词："始帝年十七时，尝梦乘青龙上天，西行逐日。"齐高帝十七岁的时候，曾梦见自己乘一条青龙上天，向西行走追赶太阳。乘龙逐日，代表了他的雄心壮志和帝王气魄。

那么在同学们眼中，夸父是人有大志，还是自不量力呢？

夸父逐日

　　制定切实的目标，稳扎稳打走好每一步路，是通向梦想的路径，但总有一些时候，那些看似大胆的做法，孕育着超越时代的梦想。如果让古人穿越到现代，来观摩如今的科技发展成果，他们会如何瞠目结舌？在漫长的社会发展史中，人类从抬头仰望皓月、星空和宇宙，一步步靠近它们，把许多异想天开变成脚踏实地的现实。人类在太空中遨游，在大地上奔跑，在地层中勘探，创造了一个又一个时代的神话，而这些都建立在先辈们敢想敢做的雄心壮志的基础上。在那些人中，说不定就有人是从夸父、愚公这样的故事中获得的勇气呢！

　　如今依托科技的发展、时代的进步，我们更应该拿出夸父的气魄，站在巨人的肩膀上，为自己和时代的梦想助力一把。

其：我不只和代词捆绑

"弃其杖"中的"其"在这里是代词，是最常见的用法。但"其"在文言文中的用途很广，如副词、连词等。

如《秦晋崤之战》中的

攻之不克，围之不继，吾**其**还也

攻又攻不下来，围又围不下去，我们<u>还是</u>回去吧。

加强祈使语气，译为
"可""还是"

作为副词

加强揣测语气，译为
"恐怕""或许"
"大概""可能"

加强反问语气，译为
"难道""怎么"

如《师说》中的

圣人之所以为圣，愚人之所以为愚，
其皆出于此乎

圣人之所以能成为圣人，愚人之所以能成为愚人，<u>大概</u>都由于这个原因。

如《游褒禅山记》中的

尽吾志也而不能至者，可以无悔矣
其孰能讥之乎

尽了自己的努力却未能达到，可以无所悔恨，这<u>难道</u>还会被谁讥笑吗?

表示选择关系，可译为
"是……还是……"

如《马说》中的

其真无马邪？**其**真不知马也

是真的没有千里马吗？还是真的没有像
伯乐一样通晓千里马的人呢？

作为连词

表示假设关系，可译为
"如果"

如《孟子见梁襄王》中的

其如是，孰能御之

如果是这样，谁又能有办法控
制他呢？

作为助词

调节音节，让诗句读起来
更有节奏感，无实际意义

如《离骚》中的

路 漫 漫 **其** 修 远 兮，
吾 将 上 下 而 求 索

前面的道路啊又远又长，
我将上上下下追求理想。

"其"在文言文中也是一个百变虚词，不只和代词捆绑，同学
们一定要注意分辨哦！

起名是个艺术活儿

夸父逐日是关于人类勇气和力量的故事。在中国古代神话中，与太阳有关的故事并不少见。我们熟悉的还有后羿射日：天帝的十个儿子，也就是十个太阳在天上炙烤着大地，给人们带来无穷的灾难，后羿勇敢地射下九个太阳，拯救了人类。

在遥远且不开化的时代，太阳是权威和主宰的象征，挑战它们，就是挑战权威。那你知道关于太阳的称谓都有哪些吗？今天我们就来积累一下吧！

金乌：也称赤乌。因为传说太阳中有一只黑色的三足乌鸦，黑乌鸦蹲居在红日中央，周围是金光闪烁的"红光"，故称"金乌"。常见的词有"金乌西坠"。

赤盖：比喻太阳。出自唐·李为《日赋》。

金虎：南朝的刘孝绰有诗，"玉羊东北上，金虎西南昃（zè）"。意指月亮升空，太阳落下。其中的"玉羊"指月亮，"金虎"指太阳。

除了这些文艺范儿的名字，同学们还知道哪些关于太阳的别称呢？

我的名字有很多……

金乌

赤盖

金虎

师文学琴

技巧和情感哪个更重要？

古时有一个叫匏（páo）巴的人琴技非凡，据说他弹琴时，空中的飞鸟和水中的鱼儿都会随着音乐跳跃起舞。郑国乐师师文听后非常羡慕，于是拜在当时的名师师襄门下，也想拥有和匏巴一样的技能。

三年过去了，师文指法笨拙，连一首像样的曲子都弹不成。师襄见他没有一点长进，就把他赶回了家。

没过多久，师文又来找老师，说："我现在已经得心应手了，就弹弹曲子给您听吧。"

当时正值春天，随着师文的琴声，天气突然变得凉爽，秋风飒飒，花草树木都结出了果实；到了秋天，师文弹起春声，枯黄的草木开始萌芽开花；夏天弹冬声，霜雪交加，河流结冰；冬天弹夏声，炽烈的太阳瞬间融化了冰雪。

师文的琴技已能和大自然产生呼应，和时令产生共鸣，这可比匏巴的琴艺高出了不止一个段位。师襄大吃一惊，对师文连连夸赞，说纵然是师旷、邹衍等名师也不及他。

师文在短短时日进步神速，诀窍就藏在临别时他和老师说的话中：

文非弦之不能钩❶，非章之不能成。文所存者不在弦，所志者不在声。内不得于心，外不应于器，故不敢发手而动弦。且小假❷之，以观其后。

❶ 钩：通"均"，均衡，调谐。
❷ 小：通"少"，稍稍。假：假以时日。

师文觉得自己当时之所以曲不成调，是因为他的思虑不在琴弦，志趣也不在单纯的声音表现上。只有理解了曲子的内涵，在情感上和曲子产生共鸣，才能用行云流水的技法表现出来。单纯关注技法，并不是学习的最高境界，情感的理解比技巧的展示更能打动人。

关于技巧和情感的表达关系，同学们的观点又是怎样的呢？

师文学琴

　　师文最初因为追求情感的表现，以至于三年曲不成调。了解了他的本意后，我们不得不赞叹师文真沉得住气啊！三年没有长进，被老师赶回家，他依旧忠于自己的内心，日复一日地坚持着，终于从量变迎来质变，成为一代大师。看似是"青铜"的开局，实则是"王者"的本质。从某个角度讲，师文学琴展现的是一个人能耐得住寂寞的沉稳心境。在学习中，同学们都应该向师文学习，坚定自己的内心选择，不被外界的声音打扰，一步一个脚印，踏踏实实走下去。

文言解码

古文释义里的"通"和"同"是一回事吗？

本篇出现了很多通假字，如"**文非弦之不能钩**"中的"**钩**"通"均"，"**且小假之**"中的"**小**"通"少"。我们在古文释义中还往往会看到某字"同"某字。那么"通"和"同"是一回事吗？

"同"有两种用法：一是表示古今字，也就是说，文中的古体字同现代汉语中的今体字。比如，《唐雎不辱使命》中"秦王不说"一句，"说"同"悦"，意为高兴。二是表示异体字，即同音同义不同形的字。比如，在鲁迅所写的《孔乙己》一文中，孔乙己提出茴香豆的"茴"有四种写法，即"回""囘""囬""廻"。那么，这四种写法就可以用"同"来表示。

而"通"则表示通假字，是指写错或印错的字通作者本来要写的字。我们顺便一起来积累一下文言文中常见的通假字：

① "反"通"返"：

寒暑易节，始一**反**焉。

——《愚公移山》

② "倍"通"背"：

愿伯具言臣之不敢**倍**德也。

——《鸿门宴》

③ "女" 通 "汝"：

逝将去女。

——《硕鼠》

④ "孰" 通 "熟"：

唯大王与群臣孰计议之。

——《廉颇蔺相如列传》

⑤ "材" 通 "才"：

食之不能尽其材。

——《马说》

⑥ "当" 通 "挡"：

垣墙周庭，以当南日。

——《项脊轩志》

⑦ "还" 通 "环"：

秦王还柱而走。

——《荆轲刺秦王》

⑧ "见" 通 "现"：

图穷而匕首见。

——《荆轲刺秦王》

⑨ "具" 通 "俱"：

政通人和，百废具兴。

——《岳阳楼记》

历史上那些奇奇怪怪的称谓

"师文学琴"的故事里出现了几个人名，都是历史上有名的音乐家。

师襄是春秋时鲁国乐官，善弹琴、击磬。据《史记·孔子世家》载，孔子曾向他学琴。师旷是春秋时晋国乐师，虽然眼睛看不见，但善抚琴，精于辨音。师文是春秋时郑国宫廷乐师中的佼佼者。邹衍是齐国人，战国末期的阴阳家，也是音乐高手。

同学们有没有发现，其中几个人的名字有一个共同特征，那就是都有一个"师"字：师襄、师旷、师文。他们是有什么血缘关系吗？

其实，这里的"师"并不是姓，而是指"乐师"这个职业，是当时对乐官的称呼。那时人们习惯在人的名字前加上其所从事的职业，所以师襄就是指名叫"襄"的乐师。师旷、师文同理。这种做法在当时很普遍。比如，同学们熟悉的《庖丁解牛》中，庖就是厨师，庖丁其实是一个名叫"丁"的厨师。

关于奇奇怪怪的称谓，你还知道哪些呢？

娱乐大八卦

热度 ★★★★★

近日，音乐家师襄、师旷、师文公开表示

师襄

师旷

师文

我们没有血缘关系！

画重点："师"不是姓！而是指"乐师"这个职业！是当时对乐官的称呼！

薛谭学讴

喊破嗓子不如做出样子

同学们记得小学读过的《纪昌学射》吗？那个故事就出自《列子》，其表达了在良师的引导下，要刻苦学习，有恒心，有毅力，才能实现自己的梦想。"学艺"是《列子》寓言中一个很重要的主题，可在作者看来，钻研技术的关键并不在于技术，而是心态。一起来看下面这对师徒的"神操作"。

薛谭[1]学讴[2]于秦青，未穷[3]青之技，自谓[4]尽[5]之，遂辞归。秦青弗[6]止，饯[7]于郊衢[8]。抚节[9]悲歌，声振[10]林木，响遏行云[11]。薛谭乃谢[12]求反[13]，终身不敢言归。

[1] 薛谭：他和秦青都是传说中秦国善于唱歌之人。
[2] 讴（ōu）：清唱，无伴奏歌唱。
[3] 穷：尽、完、用完。这里指学完。
[4] 谓：以为，认为，自认为。
[5] 尽：学尽，学完。
[6] 弗：没有，不。
[7] 饯：用酒食设宴送行，设酒送行。
[8] 郊衢（qú）：郊外的大道边。郊：城外大道旁。衢：大路，四通八达的路。
[9] 抚节：打着节拍。
[10] 振：使……振动。
[11] 响遏（è）行云：遏，使……停止，阻拦；行云，飘动的云彩。形容歌声嘹亮。
[12] 谢：道歉。
[13] 反：通"返"，返回。

薛谭向秦青学习演唱，还没掌握全部技艺就自以为出师了，准备打道回府。秦老师没有劝阻他，而是在城外大道旁以酒食为学生饯行。大招来了：秦青打着节拍，放声高歌，高昂的歌声振动了林木，美妙的嗓音响彻了云霄，所谓日月精华之音不过如此。薛谭大受震撼，瞬间意识到自己的渺小可笑，连忙向老师诚恳道歉，表示要继续学习，至死不敢再说要回去的话。

相较于高超的歌技，秦青的为师之道才是本篇的亮点。年轻人心浮气躁、半途而废本是常事，一般的应对方式是苦口婆心、诲人不倦，往往是说的人越"苦口"，听的人越"厌倦"，学成一瓶子不满半瓶子晃荡都算好的，叛逆点的干脆撂挑子不干了。秦老师教学另辟蹊径：你不是觉得大功告成了吗，那就给你办个毕业典礼，却偏偏不给你发文凭，态度很明确——师徒一场好聚好散，但我并不认可你。再来个临别赠礼——让你见识一下什么叫"此曲只应天上有"，弦外之音则是：就你学的那点皮毛千万别出去卖弄，为师可丢不起那人！教书育人，喊破嗓子不如做出样子！教科书级的"言传不如身教"，说的就是秦老师吧。

一段师徒佳话，不仅要有良师，也少不了孺子可教的徒弟。薛谭必定资质不差，不然走就走呗，秦青大可不必"抚节悲歌"。薛谭的问题在于他自知天资不俗，却过度迷信天资，而忽视后天的努力，浅尝辄止正是初学者易犯的错误。这样的学生往往志向远大，拜师深造正是他们力求上进的外在表现，所欠缺的只是心智的成熟，而秦青的循循善诱刚好起到点拨的作用，提升了学生的觉悟。天赋异禀加上后天努力，薛谭想不成功都很难啊！

薛谭学讴

薛谭知错能改、虚心好学本是好事，但最后表示"终身不敢言归"，就言重了。试想一下，天分加上努力，他的前途必然无量，技艺超过老师也未可知，怎么就不敢离开呢？

同学们还记得韩愈的名篇《师说》吗？包子老师最喜欢这句："弟子不必不如师，师不必贤于弟子，闻道有先后，术业有专攻，如是而已。"秦青、薛谭师徒在歌技方面的悬殊只是暂时的，毕竟青出于蓝而胜于蓝者大有人在。而且，真正的佼佼者绝不会满足于默默传承，只有不断思考和创新才能体现个人价值，也才能推动整个行业的发展。虽然我们强调终身学习，但死守在同一个老师身边，眼界和格局注定受限。所以，学成之后有勇气离开，并能自立门户而将所学发扬光大，才是科学正确的发展观。我们提倡尊师重道，但应该鼓励学生敢于挑战权威、敢于大胆创新，并最终超越老师。毕竟，吾爱吾师，吾更爱真理啊！

谢：文言文中的"千面特工"

同学们注意到了吗？这篇故事中藏着一个会变装的"特工"，它摇身一变，就能在文言文中化装成我们不认识的样子，拥有新的身份！现在，就让我们一起把它找出来吧！

如本文中的

薛谭乃**谢**求反，终身不敢言归

薛谭于是向秦青道歉，想要回来继续学习。从此以后，他至死也不敢再说要回去。

身份一：认错；道歉

谢

身份二：推辞；拒绝

如《孔雀东南飞》中的

阿母**谢**媒人："女子先有誓，老姥岂敢言。"

兰芝的母亲回绝了媒人："女儿早先已有誓言不再嫁，我这个做母亲的怎敢再多说？"

身份三：告别；告辞

如《信陵君窃符救赵》中的

侯生视公子色终不变，乃**谢**客就车

侯生看见公子（温和的）脸色始终没有改变，才辞别朱亥登上车子。

身份四：告诉；劝诫

如《孔雀东南飞》中的

多**谢**后世人，戒之慎勿忘

我要郑重地**告诉**后来的人，以此为鉴戒千万不要把它忘了。

身份五：感谢；道谢

如《宋书·范晔传》中的

耀自往酬**谢**

耀自己去**酬谢**。

身份六：凋谢；死

如《芙蕖》中的

及花之既**谢**，亦可告无罪于主人矣

等到花朵**凋谢**，也可以告诉主人说，没有对不住您的地方。

诸位同学，下次再遇到这位特工"谢"，千万要认清它的真实身份哦！

韩娥善歌：一技在手走遍神州

列子在讲述"薛谭学讴"时，采取了一个"戏中戏"的结构。原来，已经做到行业头部的秦青也有偶像——民间艺术家韩娥。他给学生讲了有关这位偶像的故事：

从前，韩娥东去齐国，不知经历了怎样的波折，总之是断钱断粮，经过齐国的雍门时，只能以卖唱换取食物。奇的是，当她离开后，那美妙绝伦的余音在城门的梁柱间久久缭绕，三日不绝于耳，城里人还以为她并没有离开。

一天，韩娥投宿某旅店，遭人羞辱。为此，她拖着长音悲恸不已，哭声弥漫开去，居然感染了整座村子。村民们愁眉不展，泪眼相对，难过得三天吃不下饭。大家急忙追上韩娥，苦苦挽留。韩娥再度引吭高歌，这回全是喜悦的音符，引得男女老少无不欢呼雀跃，手舞足蹈。大家沉浸在欢乐之中，以往的悲苦荡然无存。人们有感于韩娥带来的天籁，凑集了丰厚的盘缠，送她离开。

正所谓一技在手走遍神州。而真正的艺术家不正应该扎根民间，与大众同悲共喜，成为他们忠实的代言人吗？

对了，从"韩娥善歌"的典故中还衍生了一个成语，同学们说得出来吗？

造父习御

台上一分钟，台下十年功

古时有个泰豆氏，是出了名的御马师，驾驭术十分了得。一个叫造父的人慕名而来，拜在他的门下。三年过去了，泰豆氏一点真本事都没显露，造父却并不抱怨，依旧对师傅恭恭敬敬。造父真诚

踏实的态度终于打动了师傅，于是泰豆氏决定把驾驭术传给他。

泰豆氏在院里竖起一排木桩，木桩之间按步幅大小拉开距离，每根木桩的截面只放得下一只脚。泰豆氏跃上木桩行走，时而跳跃，时而折返，竟稳稳当当，从没掉下来。

看着造父吃惊的表情，泰豆氏笑着说："你先学会这个本领，我再告诉你其中的秘诀。"

造父天资聪颖，三天后就能在木桩上自由行走了。

泰豆氏说："你在木桩上行走，看似是脚在起作用，实际上是脚在听从心的指挥。驾驭马车也是一样的道理。所谓驾驭术，其实就是协调马嚼子、缰绳、手和内心之间的关系。"

原文的这段话言简意赅，有很强的哲理性。

得之于衔❶，应之于辔❷；得之于辔，应之于手；得之于手，应之于心。则不以目视，不以策❸驱；心闲体正，六辔不乱，而二十四蹄所投无差；回旋进退，莫不中节。然后舆轮❹之外可使无馀辙❺，马蹄之外可使无馀地。未尝觉山谷之崄，原隰❻之夷，视之一也。

❶ 衔：马嚼子。
❷ 辔（pèi）：缰绳。
❸ 策：马鞭。
❹ 舆轮：车轮。
❺ 辙：车辙。
❻ 隰（xí）：低下的湿地。

泰豆氏的意思是，马嚼子掌握好了，缰绳就能与之相应；缰绳掌握好了，执缰绳的手就能与之相应；手运用自如了，心就能与之相应。处处相得当，即使不挥马鞭，不用眼睛看着，马匹都能安然驾车，行走在山间也能如履平地。

造父听了泰豆氏的心法，勤学苦练，终于也成为一代御马名师。

文中寥寥数语，却揭示了万年不变的学习宗旨：台上一分钟，台下十年功。无论是三年心性的磨炼、木桩步法的融会贯通，还是驾驭术的实际演练，都是一个稳扎稳打的漫长过程。

另外，"造父习御"的故事衍生的道理和前面讲的"师文学琴"有相似之处，都是在剖析学习的诀窍、天分的同时，论述心身合一的学习专注度。所谓学海无涯，在我们日常的学习中，能够坚守本心、灵活、专注、持之以恒，才能收获学习的快乐和果实。

造父习御

　　学习驾驭术前，造父经历了三年看似没有意义的时光，其实这正是泰豆氏对他心性的观察和磨炼。学技能之前先考验心性，很多故事中都有相似的桥段。比如，《聊斋志异》中的《劳山道士》，王生在学习法术前，被要求上山砍柴，以矫正懒惰不能吃苦的做派；《西游记》中，孙悟空去菩提祖师处学艺，也在讲经论道、洒扫应对了六七年后，才得到菩提祖师的真传。只不过，造父是其中最正面的典型。造父三年的专心与恭敬，为他日后学习泰豆氏的心法打下了良好的基础。

"之"和"于"的双剑合璧

"之"和"于"作为文言文中的两大虚词，想必同学们已经十分熟悉了，那么，大家知道它们还有双剑合璧的用法吗？合用后的"之于"又暗藏哪些玄机呢？

这句还暗藏着状语后置哦，正常语序应该是"于帝告之"。

如《愚公移山》中的

告**之于**帝

向天帝报告了这件事。

之+于

之：代词；
于：向……/从……

如本文中的

得**之于**衔，应**之于**辔；得**之于**辔，应**之于**手；
得**之于**手，应**之于**心

马嚼子掌握好了，缰绳就能与之相应；缰绳掌握好了，执缰绳的手就能与之相应；手运用自如了，心就能与之相应。

如《孟子》中的

寡人之于国也

我<u>对于</u>国家。

之：助词；
于：对于……

如《穿井得一人》中的

闻之于宋君

使宋国的国君知道了这件事。

之：代词；
于：助词

"于"让谓语提前，类似于助词。而且这是个主谓倒装句，正确句序是"宋君闻之（于）"。

学习文言文，不但要掌握一词多义，准确理解词汇含义，而且要学会用语法分析句子，这样从底层把握句子的结构，对语法现象作出合理的解释，知其然，更知其所以然，难句也就变得不难了。

出门有讲究：古代车马出行的阵仗

"造父习御"中提到"六辔不乱"，是指六匹马驾驶的马车。

在封建等级森严的古代，驾车的马匹数量关乎着乘车人的身份。逸礼《王度记》中记载："天子驾六，诸侯驾五，卿驾四，大夫三，士二，庶人一。"天子驾六的说法流传已久，是古代礼制的一种行为，是指皇帝级别的六匹马拉的两轮马车。

在时代的进程中，又出现了"天子驾四"的说法。但经过岁月的演变，还是被"天子驾六"的说法取代。而在洛阳周王城广场、洛阳伊川、陕西陵园等多处发现的古迹，更加证明了"天子驾六"的说法是正确的。

除了马匹的数量，不同等级的人在乘驾中有很多的区别，如在车速、上车姿势、位置尊卑、是乘坐还是站立等方面都有严格规定，是不可逾越的礼仪制度。

贪生怕死

死亡不可怕，人生尽兴才是王道

春秋时，齐景公带着群臣去牛山游玩。登上山顶，齐景公眺望着山间风景和远处的城池，突然泪流满面："想到总有一天我再也看不到这么美丽的景色，真的是太伤心了。不过自古以来，死亡都是不可避免的事啊！"

群臣听了齐景公的话，也都哭着附和：

臣赖君之赐，疏食❶恶肉可得而食，驽马❷棱车❸可得而乘也，且犹不欲死，而况吾君乎！

❶ 疏食：粗糙的粮食。一说，菜食，即素食。
❷ 驽马：劣马。
❸ 棱车：一说是"栈车"之误。栈车，古代用竹木编成的简陋的车子。

意思是，我们做臣子的享受的物质条件不如国君，尚且贪恋活着的美好，更何况是贵为一国之君的齐景公呢?

齐景公和众臣子正哭得伤心，突然听得旁边有人放声大笑。众人一看，发笑的正是国卿晏婴。

齐景公有点气恼："我今日登高远望，触景生情，大家都和我有相同的感触，为何你独自发笑？"

晏婴说："假若人真的能千秋万载地活着，那贤明的太公、桓公或英勇的庄公、灵公将会恒久地统治国家。国君您估计只能披着蓑衣、戴着斗笠为农事担心，怎么有机会像如今这样考虑什么生生死死。而且，正因为历代国君相继继位又相继死去，才有您登临国君宝座的机会啊！您不懂这些道理，只为自己一个人的生死忧虑，不是一个仁君的表现。您身边这些大臣还为此阿谀逢迎，这一切难道不值得我发笑吗？"

晏婴的一番话让齐景公羞愧难当。

贪生怕死的齐景公并不是一个好国君。他在位的时候赋税繁重，横征暴敛，刑法十分残酷。老百姓不堪忍受，纷纷逃亡。一个妄想自己千秋万代却不懂体恤子民的国君，他的所谓触景伤情不过是在贪恋纵情享乐的人生，怕死后一切烟消云散。

死亡面前，人人平等。无论你有怎样的身份、地位、财富，终无法逃脱死亡的命运。人生总要落幕，既然结局注定不可改变，何不竭尽所能地活出精彩的人生？

贪生怕死

　　众所周知，"贪生怕死"是一个贬义词，指的是贪恋生存、畏惧死亡，也指在对敌作战中畏缩不前。当下，很多人笑说自己贪生怕死，其实是在表达对"活着"或者"生活"的庆幸与赞美，害怕死后再也不能拥有这份美好。"贪生怕死"这个故事在《列子》中被归于"力命篇"。该篇内容都是围绕"力"不胜"命"展开，主张乐天知命。从某个角度讲，乐天知命是一种积极健康的人生态度，希望每个人都能珍惜自己拥有的幸福时光，过好当下的生活。

而：文言文中的"大魔王"

在这篇文章中，出现了一个非常重要的文言虚词——而。"而"的意义和用法相当丰富，可以称得上是文言文中的"大魔王"了。所谓"知己知彼，百战百胜"，同学们要想通关文言文，就跟着包子老师一起拿下"而"吧！

如《两小儿辩日》中的
此不为远者小而近者大乎
这不是远的小和近的大吗？

表示并列关系，相当于现代汉语中的"和""与"等

如《狼三则》中的
后狼止而前狼又至
后面跟他的狼停住了，但是前面的那只狼又追上来了。

表示转折关系，相当于"但是""然而"等

而

作为连词

表示递进关系，相当于"并且""而且"等

如《论语·学而》中的
学而时习之
学了知识而且按一定的时间去复习。

表示条件关系，相当于"如果""假如"等

表示因果关系，相当于"因为""所以"等

如《少年中国说》中的
使举国之少年而果为少年也
假使全国的青年人如果真的都成为有为的青年。

如《荀子·劝学》中的
玉在山而草木润
玉石在山上所以草木润泽。

作为名词

表示颊毛、胡须 → 如《周礼》中的

作其鳞之**而**

振作起它的鳞和脸上的颊毛。

作为代词

通"尔"，意为
"你"或"你的" → 如《诗·大雅·桑柔》中的

嗟尔朋友，予岂不知**而**作

朋友你啊可嗟伤，岂不知你装模样。

作为动词

通"如"，意为
"好像" → 如《诗·小雅·都人士》中的

彼都人士，垂带**而**厉。彼君
子女，卷发如虿（chài）

当日京都的人士，如丝绦下垂身边飘。
娴雅端庄君子女，鬓发犹如蝎尾翘。

作为助词

用于句末，表示感叹语气，
相当于"啊""吧" → 如《论语·微子》中的

今之从政者殆**而**

现在当官的有多么危险啊！

用作形容词、
副词的后缀 → 如《左传·文公十七年》中的

铤**而**走险，急何能择

走得太快，就必然要走那些危险的地
方，被逼急了哪里还能选择呢？

用于能愿动词后，
类似词的后缀 → 如《墨子·尚贤下》中的

使天下之为善者可**而**劝也，
为暴者可**而**沮也

使天下为善的人可以受到勉励，行
暴的人可以受到阻止。

敢于嘲笑国君的晏婴什么来头?

晏婴是春秋时期齐国大夫,字仲,夷维(今山东高密)人,上大夫职位是继承其父而来。晏婴历仕灵公、庄公、景公三位国君。很多人都听过"晏子使楚"的故事,晏子便是晏婴。

春秋时期,谋士们热衷于在各国游说,凭借出色的智商和口才为自己效力的国君谋取霸业。晏婴堪称其中的佼佼者。

一次,晏婴出使楚国。楚国为了给他下马威,在大门旁开了一个小洞让他通行,以此嘲笑他身材矮小。晏婴不慌不忙道:"出使狗国的人才从狗洞通行。"一句话怼得楚国只得打开了大门。

晏婴出使他国的故事很多,都展现了其高超的智慧。他的风采为齐国赢得了尊严,也难怪齐景公对他没脾气。晏婴重视生产、反对厚赋重刑,对国家的各项事务尽职尽责。他去世时,齐景公为了哀悼他,做出了很多超越礼制的事,显示了他对这位臣子的敬重。

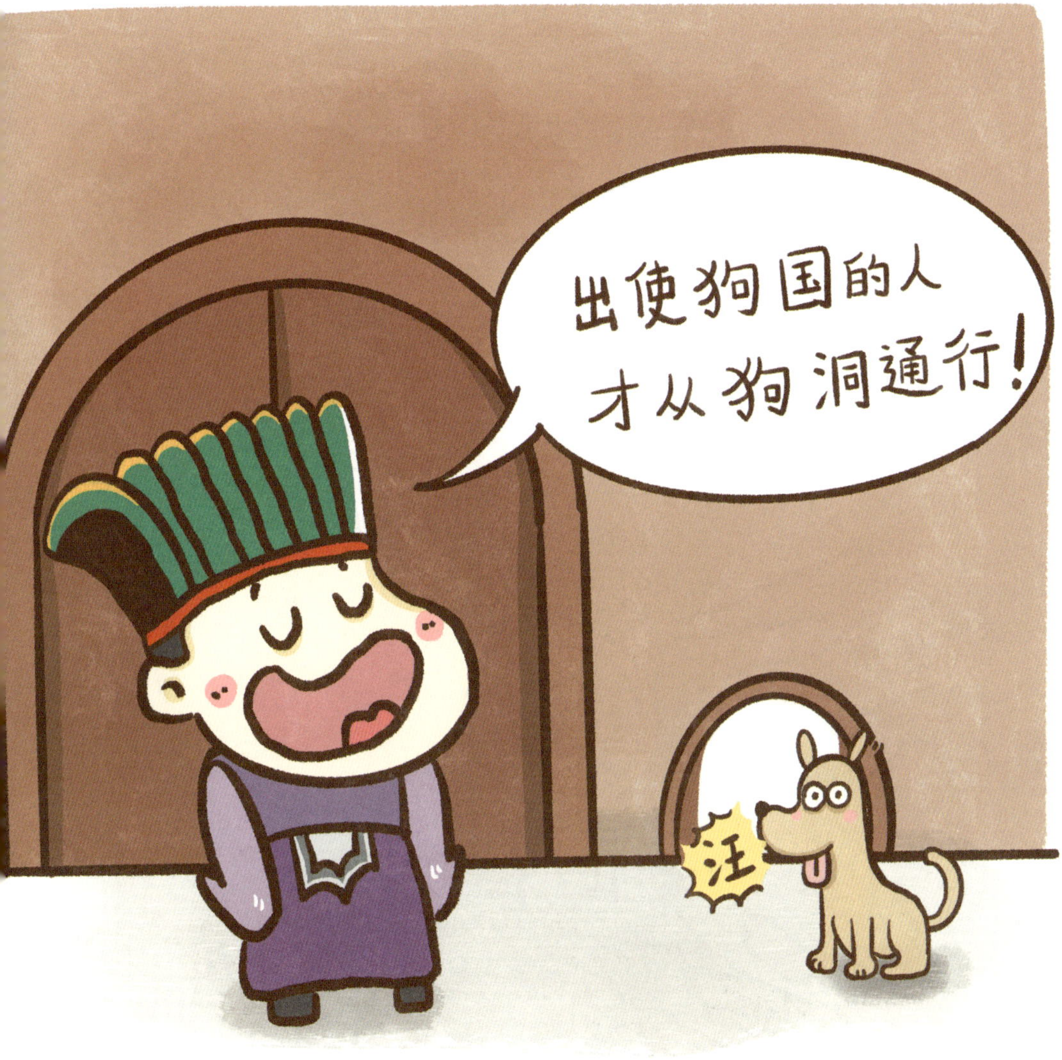
出使狗国的人
才从狗洞通行！
汪

郅雍视盗

站在人生的巅峰敲响丧钟

感冒是一种自愈性疾病，症状有轻有重，因为每个人抵抗外界侵扰的能力而各不相同。说白了，想少生病或是病得轻点，提高自身免疫力才是王道。所以，遇到问题，要透过现象看本质。这道理，古人一早就想明白了。

晋国百姓苦匪患久矣。有个叫郄（xì）雍的人天赋异禀，通过相面就能判断一个人是不是强盗。晋侯就请他来办案，从无失手，犯罪分子统统归案。晋侯沾沾自喜地将这件奇人奇事告诉文子。文子却泼了他一盆冷水：

吾君恃[1]伺察而得盗，盗不尽矣，且郄雍必不得其死焉。

[1] 恃：依赖，依仗。

仅靠相面来抓贼，不但抓不完，这个郄雍也命不久矣。果然，恶果仅存的几个强盗干了一票大的——秘密除掉了郄雍。晋侯傻眼了，变得和先前一样手足无措。文子为他分析原因：

周谚有言：察见渊鱼者不祥，智料隐匿者有殃。且君欲无盗，莫若举贤而任之；使教明于上，化行于下，民有耻心，则何盗之为？

常言道，人的眼力太好，河里几条鱼都看得清清楚楚，未必是好事；人太聪明对别人的隐私一猜一个准，迟早要遭殃。您希望匪患绝迹，不如任用贤能之人，保持政治清明，端正教化之风，民众都有了羞耻之心，还有谁会做盗贼呢？

这段话包含了两个方面的意思：一是做人做事都要讲究个限度，否则过犹不及。人性都有善、恶两面，谁都不愿暴露恶的一面。郄雍就是看得太透彻，毫无保留地揭露了人性的负面，引发众怒，将自己逼向绝路。二是解决问题要抓主要矛盾。晋侯仅靠郄雍的特异功能来捉贼，属于典型的治标不治本，表面看效果立竿见影，但罪恶是有长尾效应的，只要恶念作祟，总有铤而走险者。既然"恶"是人性的标配，除也除不掉，就只能以"善"的一面来制衡。简单说，做人要讲良心，要有是非观，要存羞耻心，而这些都要以道德引领、以礼敬规范，从思想层面纠偏，再内化为行事准则。国民素质提高了，盗贼自然就少了。

相较于"郄雍视盗"的短、平、快，教化国民是一条漫长而崎岖的征程，要不忘初心，更要砥砺前行，当然，回报也相当可观——晋侯听从了文子的谏言，起用了有德多才的随会[1]整治社会治安，结果晋国的强盗都跑到秦国去了。

---

[1] 随会：又称士会，祁姓，士氏，字季。士蒍（wěi）之孙，士缺之子，春秋时期晋国政治家、军事家，曾任晋国集军政大权于一身的执政大臣兼中军元帅。

郤雍视盗

同学们觉不觉得文子这句 **"察见渊鱼者不祥，智料隐匿者有殃"** 很眼熟啊？聪明如你一定想到了——水至清则无鱼，人至察则无徒。二者阐明的道理相似：事物都有其应有之态，如果超出这个范围，反而会产生负面效果。具体到现实生活，就是待人接物要适度而行，不可将事情做绝。

郤雍善于洞察人性本不是错，了然于胸能少走不少弯路，可他偏偏毫无保留地外露出来，就有点活腻了的意思。固然是受托办案，但自己心里没点数吗？都说"木秀于林，风必摧之"，在群体中过于显眼或优秀之人，往往要遭到排斥或打击，因为会触动一部分人的奶酪啊！强盗根本意识不到晋侯"扫黑"的决心有多坚决，只会把直接指认他们的郤雍视为眼中钉，除之而后快。看到没？群匪也是没能透过现象看本质。

真正的智者，说话只说一半。话不说全，既是和对方保持安全距离，也给自己留出回旋的余地。

临危受命之际，郤雍既登上了人生巅峰，也亲手敲响了丧钟。

于：文言虚词中的"社交达人"

读过这个故事，相信同学们都明白了这句"使教明于上，化行于下"的意思：教化思想开始在上层形成，那么下层的百姓就会得到教育。那么，"于"在文言文中还有哪些用法呢？一起来看一看。

如《出师表》中的

受任于败军之际

▲在兵败的时候接受任务。

介绍动作行为发生的时间、处所，可译为"在""到""从"等

于

介绍动作行为产生的原因，可译为"由于""因为"

如《进学解》中的

业精于勤，荒于嬉

学业由于勤奋而专精，由于玩乐而荒废。

介绍动作行为涉及的对象，可译为"对于""向"等

如《师说》中的

于其身也，则耻师焉，惑矣

但是对于他自己，却以跟从老师学习为可耻，真是糊涂啊！

介绍动作行为的主动者，可译为"被"，有时动词前还有"见""受"等字和它相应

如《廉颇蔺相如列传》中的

臣诚恐<u>见</u>欺<u>于</u>王而负赵

我实在是害怕<u>被</u>大王欺骗而对不起赵王。

介绍比较的对象，可译为"比"

如《劝学》中的

冰，水为之，而寒<u>于</u>水

冰是水凝结而成的，却<u>比</u>水还要寒冷。

用在动词前，无意义

如《诗经·葛覃》中的

黄鸟<u>于</u>飞，集<u>于</u>灌木，其鸣喈喈（jiē）

黄鹂在天空中上下翻飞，栖息在灌木上，鸣叫声婉转又清丽。

当！

装糊涂的智慧

世人无不艳羡苏轼的才智，他本人却深有感触地发出"人皆养子望聪明，我被聪明误一生"的叹息。郄雍若泉下有知，必定感同身受。如果有重生的机会，相信他一定不会滥用天赋，而是学会谦虚做人。

聪明外露很容易，装傻却要真功夫。借着"郄雍视盗"的教训，我们来看看真正的智者是如何"装糊涂"的。

汉文帝时期，皇太子刘启和吴太子刘贤对弈。刘启，即后来的汉景帝，为人刻薄少恩。刘贤，是吴王刘濞之子，生性骄纵、浮躁强悍，且习以为常。两人为争一子，互不相让，刘贤态度傲慢，刘启更是率性而为，索性拎起棋盘砸向对方，刘贤居然因此身亡。

刘濞痛失爱子悲愤交加，先是拒绝儿子入葬，接着无视藩臣之礼，后索性称病不朝了。汉文帝能够共情刘濞的失子之痛，也不去计较，象征性地赐给吴王几杖，只说他年事已高，不入京朝见亦无妨。

就这样，终汉文帝一世，刘濞没有作乱，直至汉景帝即位后，才引发七国之乱，其丧子之痛是很重要的一个诱因。

可见，智者懂得适时睁只眼闭只眼，免得因小失大。大智若愚才是做人成事的品质与格局。

兰子献技

识别机遇比获得机遇重要

同学们听过"东施效颦"的故事吧？西施以病态美著称，捧心蹙眉之际尤为动人。隔壁的东施也有样学样，谁知弄巧成拙，丑女更丑了。庄子称其"彼知颦美而不知颦之所以美"。东施只知道皱眉美丽，却不知道为什么美丽。还有韩非子笔下的南郭先生，不就是吃到滥竽充数的甜头，打算继续装模作样地骗吃骗喝吗？结果换了新主子，好日子也到头了，只能灰头土脸地溜之大吉。

列子也讲过类似的故事。宋国有个兰子[1]向宋元君献技。他用两根超出身长一倍的棍子缚在小腿上，健步如飞，双手也不闲着，耍弄着七把剑交替抛出，其中有五把常在空中。元君大开眼界，当下赏赐了金银财帛。此事不胫而走，一个会燕戏[2]的兰子看着眼红，如法炮制，也来向宋元君献技。果然是同样的运气不会降临两次。他还没亮相呢，宋元君就怒道：

---

① 兰子：不知姓名和出生地的杂技艺人。兰，通"阑"。
② 燕戏：身轻如燕的杂技。

昔有异技干寡人者，技无庸，适值寡人有欢心，故赐金帛。彼必闻此而进，复望吾赏。

这句话的信息含量很大：（一）上次那人的才艺毫无实用价值；（二）赏他钱财只是赶上寡人心情好；（三）这次你带着一无是处的才艺来骗钱，寡人才不上当呢！说完，就把那人关了几天才放出来。

说白了，脱离具体条件而盲目模仿、不做变通，很可能适得其反。尤其是那个会燕技的兰子，意识不到每个人的环境和机遇是不同的，这就意味着一个人能够做到的事情，另一个人即便在条件相当的情况下，也未必能做到。经验只能参考，而不能照搬。做人做事需要睁大慧眼，不仅用来识人，还要用来过滤机会。

人生海海①，识别机遇远比获得机遇重要。

---

① 人生海海：闽南方言，有人生复杂多变但又不止之意。

兰子献技

这些故事荒唐而可笑，细读却能品出一丝唏嘘。

丑女东施、南郭"混子"、会燕技的兰子，他们都出身底层，自身条件有限，却也在认知范围内努力改变境遇，之所以落得让人啼笑皆非的下场，除了因为他们无法认清自己，做不到审时度势，还有一点很要命，就是将自己的命运完全寄托在别人身上。东施指望蹭一把西施的热度，带火自己；南郭先生无才而占据位置；兰子则把宝押在宋元君是个十足的"文艺"青年上，且就好杂耍这一口。说穿了，三人都是好逸恶劳、鼠目寸光的投机分子，脚踏实地一步一个脚印对他们来说太累也太难，即使狼狈收场，他们也只会怪自己时运不济，老天不长眼。

公平是相对的。我们能做的就是认清自己，不与他人作无谓的比较，更没必要抱怨命运的安排。接受上天给予我们的起点，并努力去实现自己的目标，问心无愧就好了。

者：看到我，你们想到了谁

"兰子献技"讲述了两位杂耍艺人的不同境遇。列子在写他们出场时，都用到了同一种句式：先是"宋有兰子者"，接着是"又有兰子能燕戏者"；后来宋元君也说道"昔有异技干寡人者"。同学们知道这三个"者"都是什么意思吗？

没错，三"者"用法相同，都指代人，可译为"……的人"，分别译作"宋国有一个卖艺的人""又有一个会耍燕戏的人""之前那个身怀绝技来求见我的人"。

在文言文中，这样的用法通常出现在形容词、动词、动词词组或主谓词组之后，组成"者"字结构。而像这样的"者"字句，本就有强调被指代对象的意味，同学们在翻译类似的句子时，也要尽量将"者"的用法显现出来，保持句式结构的完整性。

当然，"者"还可以指代事或物。比如，在《孟子·告子上》中"生亦我所欲，所欲有甚于生者"的"者"就指代东西，意思是："生命是我想要的，但我想要的还有比生命更重要的东西。"

者

指代人，可译为
"……的人"

如本篇中

宋有兰子**者**

宋国有一个卖艺的人。

指代事或物，可译为
"……的事"或"……的东西"

如《孟子·告子上》中

生亦我所欲，所欲有甚于生**者**

生命是我想要的，但我想要的还有比生命
更重要的东西。

聪明如你，一定已经注意到了，在指代事或物时，"者"的用法与指代人时完全一样，只要将其对应地译为"……的事"或"……的东西"就行啦！

高处不胜寒的"寡人"

故事中的宋元君自称"寡人",显然身份是君主。尊贵至此,为何却要用"寡"这个感觉很孤寒的字眼儿?

有人说,"寡人"中的"寡"代表寡德,君主以此提醒自己要更加努力地治理国家。还有人说,"寡"字表示"少",那么"寡人"就意味着普天之下只有他一人能够这样自称。两种说法似乎都有些道理。

翻阅《左传》可以发现,"寡人"一词的使用场景是有讲究的,君王大多在外交场合才会这样自称,以展示自身的崇高地位,表明自己是这个国家的中心,无可替代。平时与臣子对话时,君主会更多地使用"吾"来自称。

春秋时期的诸侯大多自称"寡人",楚王多自称"不谷",而较弱的诸侯自称"孤"。"战国七雄"仍自称"寡人",而不用周天子专用的自称"予一人"。东汉末年,群雄如袁术、曹操、孙权、刘备等"南面称孤"。可见,"孤"是当时较为流行的君主自称。唐以后的诸侯王往往也自称"孤"。皇帝不论何种情况,均自称"朕"。

时间回到现在,"孤"也好,"寡人"也罢,就连"朕",普通人在开玩笑的时候也可以用来自称。当然了,估计没有人会真的愿意让自己成为"孤家寡人"吧!

牛缺遇盗

秀才遇到兵，千万别讲理

说一个老生常谈的话题——人为什么要读书？有同学说了，为了学知识、长本事啊！很对！而且顺序不能错，先学再用，光学而不用，知识就是死的，毫无价值。那么，学以致用就一定能成才吗？不见得，有时还可能丧命。

牛缺是上地的一位大儒，前往赵国的途中遇到一伙儿强盗，被洗劫一空。谁知牛缺不仅不害怕，还面带喜色，丝毫没有破财后的沮丧与不甘。强盗忍不住问他缘故，只见他云淡风轻道：

> 君子不以所养害其所养。

意思是，君子是不会因为身外之物而有损自己的道德修养的。强盗听后，表面认可牛缺是个贤者，内心却很忐忑：这样的贤明之人前去觐见赵王，万一把被劫的事情和盘托出，必定要给我们添麻烦，索性灭了他的口，一了百了。牛缺就这样被杀了。

有燕国人听说此事，集合族人吸取教训："碰到强盗，可不敢

被抢了还这么开心？

像上地的牛缺那样了。"众人点头称喏。不久，这个燕国人的弟弟遇上强盗，想起哥哥的告诫，极力拼争；抢不过，又追上去低声下气地请求匪徒归还财物。强盗暴怒道：

吾活汝弘[1]矣，而追吾不已[2]，迹将箸[3]焉。既为盗矣，仁将焉在？

[1] 弘：宽宏大量。
[2] 已：停止。
[3] 箸：同"著"，显露。这里指踪迹败露。

意思是，让你活下来已是宽宏大量，你却纠缠没完，都快暴露我们的行踪了。既然做了强盗，还要什么仁义！说完就杀了他，将他的同伴也赶尽杀绝。

是不是觉得这个故事就是一个死循环？和无理之人讲理，轻则对牛弹琴，重则就是牛缺的下场；不讲理正面刚也行不通，遇到更狠辣的人亦只能听天由命。牛缺看似对一切尽在掌握中，实际是把书读死了，也不看看面对的是什么货色，张口便是浩然正气，起初确实有点震慑效应，但恶人就是恶人，只会把所有人都往恶处想，学识优势反而成为牛缺的催命符。认知的不对等，才是牛缺之死的根源。而被害的燕人则是犯了典型的经验主义错误。按说有了前车之鉴，后人除了引以为戒，还要进行全面的反思。燕人却只简单粗暴地反其道行之，走向了另一个极端。他们不知道，经验是用来参考的，绝不能生搬硬套。

两个悲剧告诉我们：面临险境，绝不是怯懦则死，不惧则生，一切应该从实际出发，因势而动，以智取胜才是上策。

牛缺遇盗

那么牛缺的困境真的无解吗？倒也未必。

来看强盗得手后他的表现：**欢然①无忧吝②之色**。做惯了打家劫舍的勾当，众匪徒耳濡目染的都是哭天喊地的惨状，哪见过这般处变不惊的受害者，所以忍不住说："**嘻！贤矣夫！**"你以为他们是折服了？当然不！更多的应该是惊恐。对这帮亡命之徒来说，这种罕见的冷静意味着太多不确定性，他们既无应对经验，更失去了基本的判断。如果牛缺趁强盗"蒙圈"之际伺机脱身，生存的希望是非常大的。但他太笃定圣贤书里宣传的君子之道，而"望风而逃"这个行为本身多少有损读书人的气度，估计他还想通过自身正人君子的形象感化一下强盗呢！总之，给自己的附加值越多就越容易形成思想包袱，反而淡化了求生本能，最终沦为教条主义的殉葬者。

著名学者王蒙在谈到牛缺和燕人的故事时，评说道："人太伟大了，反成异类，成为危险因素；人太渺小了，令人轻蔑，命如蝼蚁。"那么遇到危急时刻，是该据理力争，还是谦虚忍让呢？只需要记住一点：怎么能让自身安全得到有效保障，你就怎么做。

---

① 欢然：喜悦的样子。
② 吝（lìn）：同"吝"，吝惜。

夫：实词？虚词？傻傻分不清

同学们注意到本文中有一个特别的词吗？没错，就是——夫！

"夫"在文言文中既是实词又是虚词，在不同的语境中，它有不同的用法和意义，甚至连读音也会随之变化。一起来看看吧！

如《曹刿论战》中的

夫战，勇气也

作战，靠的是勇气。

引起论述：用在句首

作语气助词
读作"fú"

夫

补充音节：用在句中

如《望岳》中的

岱宗**夫**如何

五岳之首的泰山怎么样？

表示感叹，相当于
"啊""唉"：用在句末

如本文中的

嘻！贤矣**夫**

啊！真是个贤人啊！

指"成年男子"

如《愚公移山》中的

遂率子孙荷担者三夫

于是（愚公）率领儿孙中能
挑担子的几个人上了山。

作名词
读"fū"

指"丈夫"

如《口技》中的

未几，夫齁（hōu）声起

过了一会儿，丈夫的呼噜声响起来了。

作指示代词
读作"fú"

相当于"这""那"

如《归去来兮辞》中的

乐夫天命复奚疑

乐天安命，这还有什么可疑虑的呢？

荀巨伯信义退胡贼

"牛缺遇盗"的故事属于典型的"秀才遇到兵，有理说不清"。当然，世事无绝对，也有反例，那就要看秀才的智慧和士兵的觉悟了。下面来看《世说新语》里的一则故事。

魏晋名士荀巨伯去一座偏远的城市看望生病的友人，不巧赶上匈奴人进犯，城中百姓皆望风而逃。友人力劝荀巨伯："我乃将死之人，哪里都去不了，你赶快离开这个是非之地吧，切勿管我。"

荀巨伯正色道："我远道而来就是为了看望你，现在身处险境就抛下你一走了之，这不是君子能够做出来的事情！"说完，坚持留下来照顾友人。

结果，匈奴人破城而入，四处劫掠，很快就闯进生病的友人家。众兵将看见荀巨伯正在喂友人喝药，感到很奇怪，问道："城里所有人都逃跑了，你们怎么还留在这里呢？"

荀巨伯面无惧色地答道："朋友身患重病，我怎能将他独自扔下不管呢？请诸位勇士不要伤害他，我愿意替他赴死。"

众兵将听了此言深感震撼，他们没想到中原大地不但物华天宝，还滋养出如此品德高尚的忠义之士，不禁感到惭愧，随后悄悄地撤走了。

不食盗食

洁身自好也该有个限度吧

强盗……

……

我宁死也不吃你的饭!!!

先来复习一个成语：宁为玉碎，不为瓦全。意思是，宁愿像玉那样破碎，也不愿像瓦一样保全，比喻人在面对重大选择时，始终坚持原则和信念，哪怕为此付出生命的代价也在所不惜。列子也刻画了这样一位颇具气节的有识之士，一起来看看他的事迹吧。

东方有个名叫爰（yuán）旌目的读书人要去远方实现男儿抱负，谁知路上弹尽粮绝，饿昏在路边。恰巧被来自狐父城的知名大盗遇到，他二话不说就把自己壶里装的水泡饭倒出来喂他。可能真是饿过劲儿了，共喂了三次，爰旌目才缓过来，睁眼问道：

> 子何为者也？

大盗据实相告。爰旌目听后大惊失色，道：

> 嘻！汝非盗耶？胡为而食我？吾义[1]不食子之食也。
>
> [1] 义：仁义。

天啊！你不就是那个强盗吗？为什么要喂我饭呢？我宁死也不吃你的饭。紧接其后的操作更是让人瞠目：

> 两手据[1]地而欧[2]之，不出，喀喀然[3]，遂伏而死。
>
> [1] 据：撑着，趴。
> [2] 欧：同"呕"。呕吐。
> [3] 喀喀然：呕吐的声音。

震惊！洁身自好也该有个限度吧！对此，列子的态度是：

> 狐父之人则盗矣，而食非盗也。以人之盗，因谓食为盗而不敢食，是失名实者也。

同学们觉得列子是在赞颂爱旌目，还是在批评爱旌目呢？

爱旌目当然是君子，否则说不出"吾义不食子之食"这样的方正之语，而且坚持原则，说到做到，确实胜过那些满口仁义道德的伪君子。可就事论事地分析一下，爱旌目必须得死吗？在列子看来，就算施救者是强盗，食物又没有罪，因为人是强盗就说他的饭也是强盗而不能吃，是没搞清楚名义与实际的分别。显然，列子是从以人为本的角度看问题，坚持把人放在第一位，以人的需求和利益为出发点和核心。具体到爱旌目，他的当务之急绝不是咬文嚼字掉书袋，和高风亮节的好名声比，保命更重要，毕竟活下去才有希望。只从抽象概念出发，而放弃实际考察，为了虚妄的名声而影响实际的判断，这样的盲目赴死毫无价值。

人们常说，规矩是死的，人是活的，强调的就是为人处世要把握时机，善于变通。我们当然要遵守那些符合人性的规则，对于不合理的事情也要有独立的思考，并作出适当的选择。如果每天都活在条条框框里，人生未免机械而无趣，而这也一定不是自古圣贤劝人读书破万卷的初衷，毕竟，尽信书不如无书。

不食盗食

　　说完爰旌目的迂腐，再来聊聊这个大盗。

　　不管曾经犯过怎样的滔天大罪，单从这件事看，他绝对是个正面人物。看到爰旌目垂危街头，他没有落井下石，而是立刻施以援手，将自己的口粮喂给陌生人，还连喂三次，直到对方缓醒过来。可见，他的骨子里有一颗纯良的善心，沦落为盗很可能是受生活所迫，其人生底色还是仁爱的。后来被问及身份，他亦不加遮掩，据实告知，坦荡的做派和迂腐的爰旌目相比，难道不更具君子之风吗？

　　标榜正义道德的爰旌目不愿接受盗贼的救助而饿死，既是不给恶人向善的机会，也彻底将自己逼进了道德的死胡同。难道小偷永远是小偷，而君子永远是君子？说不定就因为这次善举，大盗深受触动，洗心革面了呢？这对读遍圣贤书的爰旌目来说，不也是功德一件吗？

　　所以，任何时候都不要被刻板的印象套牢，而要突破思维的局限，以成长的眼光看待每一个人，包括自己。

嘻：古人眼中的万能语气词

同学们注意到了吗？本篇出现了一个有些特别的语气词——嘻。

"嘻"字在现代汉语中，多用为拟声字，表示笑声。比如，嘻嘻哈哈、笑嘻嘻等。但在文言文中，"嘻"的用法大不相同，多用为语气词，而且称得上古人眼中的万能语气词，可以表示多种语气。一起来积累一下吧！

表示悲痛或斥责

如《训俭示康》中，司马光对于古人以节俭为美德，今人却因节俭而相讥议的现象，表示悲痛道：

嘻，异哉
哎，真奇怪呀！

表示赞叹 → 如《庖丁解牛》中，梁惠王见识了庖丁高超的技术后，赞叹道：

嘻，善哉

呀，好啊！

表示叹息 → 如《中山狼传》中，东郭先生面对向他求救的狼，无奈叹息道：

嘻，私汝狼以犯世卿

唉，为包庇你这只狼而冒犯世袭最高执政官（赵简子）。

表示惊讶 → 如本文中的

嘻！汝非盗耶

啊！你不就是那个强盗吗？

总而言之，古人在表达悲痛或斥责、赞叹、叹息、惊讶的语气时，会用到"嘻"。所以，读古文时不要一见到"嘻"，就只想到高兴、喜悦之情啦！

豺狼咬鱼：变通，也是一种关怀

再讲一个处事变通而救命的故事。

武则天信仰佛教，临朝称制后赶上一年大旱，为表达祈雨的诚心，下令各地禁止人为屠杀。

这天，女帝派御史娄师德外出公干。他在一家饭馆就餐，厨师有点巴结的意思，擅自上了一道烧羊肉。娄师德先是一愣，随后问："天下禁止屠杀，如何还会见荤腥？"厨师一早想好对策，就说："这羊是后山的豺狼咬死的，只好取肉享用，不然也浪费了。"娄师德心下明白，不愿道破，便道："这豺狼也是懂事，必是预知本官莅临才去袭击羊，刚好给我解馋了。"厨师沾沾自喜，片刻又上了一条鱼。娄师德见状差点儿笑出声，但还是强忍着问了句："这鱼又是从何方来？"厨师也是不走脑子，如法炮制道："鱼也是被豺狼咬死的。"听罢，娄师德终于笑出声，说："傻汉呀傻汉，没听说豺狼会浮水的，怎么会去咬死鱼？你为何不说是水獭咬的呢？这才能自圆其说啊！"典故"豺狼咬鱼"由此而来。

娄师德甚是体谅厨师的苦心和不易，羊肉上来的时候，并没有直接拆穿，而是委婉提示。等鱼上来了，他又用变通之法化解了尴尬，宽和中透着幽默，不仅救了厨师，也收获了民心。处事变通不仅为了讨巧，有时也是一种人文关怀的体现。

为不知己者死

渴望被理解的往往是弱者

人们常说"士为知己者死"，同学们真能准确把握这句话的含义吗？事实上，这里的"知己"不仅是"懂我"，还有一层"赏识

我"的意味。也就是说，君子甘愿为了解而赏识自己的人牺牲生命。和平年代绝少再有这样的悲壮事迹，本着以人为本的理念，大家越来越关注自己内心的需求，有没有人赏识似乎也没那么重要了。但在遥远的古代中国，这真的是一条金科玉律，有识之士无不以此为信仰，甚至盼望有朝一日付诸行动，为人生画上一个完美的句号。当然，也有反其道而行之的"孤勇者"。这是怎么一回事呢？

莒国的柱厉叔尽心尽力侍奉莒敖公①，却觉得不受重视，愤然离职去海边隐居。可当听说莒敖公有难时，他即刻告别朋友，拼上性命也要去营救旧主人。朋友震惊了：

> 子自以为不知己，故去。今往死之❶，是知与不知无辨也。
>
> ❶ 死之：拼死效力。

当初君臣分开不就是因为他不懂你，现在又要舍命相救，那他懂不懂你也没有分别啊！柱厉叔自有一套逻辑：

> 自以为不知，故去。今死，是果不知我也。吾将死之，以丑后世之人主不知其臣者也。

---

① 莒（jǔ）敖公：春秋时莒国国君。莒，西周分封的诸侯国，在今山东莒县。公元前431年为楚所灭。

当初因为他不懂我而离开，如今为他去死就是要证明他确实不懂我。我为他而死，可以警示今后那些不惜才的君主呀！

同学们是如何看待柱厉叔的"壮举"的呢？对此，列子的态度是：

凡知则死之，不知则弗死，此直道而行者也。柱厉叔可谓怼[1]以忘其身者也。

❶ 怼（duì）：怨恨。

能视为知己的便为他而死，不能视为知己的便不为他而死，这是不言而喻的道理。柱厉叔执意赴死看似大义凛然，而"以丑后世之人主不知其臣者"的潜台词其实是：如今（莒敖公）蒙难了，就是因为他真的不了解我，如果他肯赏识我，也不会落得这样的下场。说穿了，柱厉叔是过不了自己那一关。所以列子用到一个"怼"字。怼，是怨恨——要死给你看，才解恨啊！又或者，以死明志是某些怀才不遇者的最后一搏，既然不被赏识、难以出头，那就换一种极端的方式名垂青史吧！

失去柱厉叔未必是莒敖公的损失，但失去生命，一定是柱厉叔的损失，毕竟活下去才有希望啊！

为不知己者死

　　想要真正理解柱厉叔赴死的决心，破题的关键就是"知己"二字。

　　在古人看来，"知己"除了要"懂我"，还要能够"赏识我"，换言之，要能认可我的价值。从这个角度看，"士为知己者死"所代表的情怀并非意气相投，更不是拥有共同的理想，而是一种实现自我价值的需求。看看"知己情怀"的代表人物豫让①是怎么说的——"臣事范中行氏，范中行氏以众人遇臣，臣故众人报之；智伯以国士遇臣，臣故国士报之。"言外之意，你帮我实现了我的人生价值，我就用生命来报答你。这才是"士为知己者死"的底层逻辑。

　　现在大家能理解柱厉叔为何自寻死路了吧？他的想法很极端：我是很有价值的，可老板觉得没价值，那我就撂挑子不干了，以示抗议。但还没完，我最后要通过为他而死来证明自己的价值，同时证明是他不识货！对柱厉叔而言，莒敖公知不知他已经不重要了，能证明自己的价值才最重要，不管是死是活。

　　作家余杰曾说，渴望被理解的往往是弱者。相反，没有人能够理解强者。可惜柱厉叔是听不到了。

---

① 豫让：东周四大刺客之一。春秋战国时期，韩、赵、魏三家灭智氏，豫让为给智伯报仇，伏桥如厕、吞炭漆身，多次刺杀赵襄子，最后自刎而死，留下了"士为知己者死，女为悦己者容"的千古绝唱。

弗：摊牌了，其实我是否定词

　　"弗"在文言文中一直作为否定词出现，代表一切与"不"相关的含义。这还要从它的出现讲起："弗"的甲骨文字形，中间是两根不平直之物，上面束缚着绳索，让它变得平直。因此，"弗"的本义就是矫枉。不过，凡事都有例外，"弗"字出现在无数文人墨客的文章诗歌中，渐渐也衍生了通假字意。一起来看看吧！

如本文中的

凡知则死之，不知则弗死

凡是知己就为他而死，不是知己就不为他而死。

注意哦，在先秦时"弗"字后面的动词一般不带宾语

表否定，相当于"不"

通"沸"，本义为泉水喷涌的样子，引申为"多"

如《韩非子》中的

聚弗靡之财，蓄积待时，而侔农夫之利

囤积居奇，待机出售，希图从农民身上牟取暴利。

此处的"弗靡"通"沸靡"，意为奢侈

如《汉书》中的

吾山平兮钜野溢，鱼弗郁兮柏冬日

铲平了鱼山，可巨野大泽却四溢横冲；鱼群能够畅
游，冬日却已迫近。

此处的"弗郁"通"沸郁"，意为繁多

知识盲盒

豫让击衣：用生命谱写的仁义之歌

"士为知己者死"出自春秋时期四大剑客之一豫让之口。

豫让早年先后效力于范氏和中行氏，均未获重用。后来他侍
奉一个叫智伯①的人。智伯非常欣赏他，也很尊崇他，提拔他做自
己的家臣。如鱼得水的豫让一心想要成就一番事业。谁知好景不
长，智伯率兵讨伐赵襄子②，结果对方联络韩、魏两国将智伯逼入死
境，不仅瓜分了他的土地，还在他的脑袋上涂上油漆，做成饮酒的
酒器。

① 智伯（前506年—前453年）：姬姓，智氏，名瑶，即智瑶。因智氏源自荀氏，亦
称荀瑶。谥号"襄"，史称智襄子，是春秋末期晋国的执政大臣。
② 赵襄子（？—前425年）：嬴姓，赵氏，名无恤（亦作"毋恤"），《左传》也作赵
孟。春秋末叶晋国卿，赵氏家族首领，战国时期的赵国奠基人。

噩耗传来，豫让痛不欲生，仰天长叹道："士为知己者死，女为悦己者容。这世间最懂我、最了解我的人便是智伯，如今他为人所杀，我一定要为他报仇，以报答他的知遇之恩。"于是，他更名改姓扮作囚犯潜入赵国王宫粉刷厕所，打算伺机刺杀赵襄子。结果事情败露，豫让被擒。在了解详情后，赵襄子动容道："智伯无后，

家臣却能为他报仇，可见他是一个大忠大义之人。"说完一挥手，放了豫让。

　　捡回一条命的豫让并不罢休。他将身体涂满油漆，憋出漆疮；又通过吞炭让嗓音变得沙哑，使别人无论从外貌还是声音都无法辨识出自己。机会来了！这天，他预先埋伏在一座桥下，准备在赵襄子经过时刺杀他。谁知赵襄子的马突然受惊，使得刺杀计划再次落败。再度被擒后，赵襄子问他："你也侍奉过范氏和中行氏，而智伯把他们都杀了，你怎么不替两位旧主人报仇？"豫让答道："范氏和中行氏像对待普通人般对待我，我只能用对待普通人的方式对待他们；而智伯用对待名士的礼节对待我，我当然要用对待名士的礼节报答他。"听毕，赵襄子潸然泪下，道："你对智伯也算仁至义尽了。不过，寡人不能再放过你了。"豫让自知大限已到，便说："临死前，我有个请求，望能成全。"赵襄子点点头。豫让说："请将你的衣服脱下来，让我刺穿，权当实现了报仇的心愿，我死也瞑目了。"赵襄子有感于豫让的忠义之心，吩咐手下拿来自己的衣服。豫让拔出剑朝着衣服狠狠刺了三下，哽咽道："我已报答了泉下的智伯。"说完，拔剑自刎。

　　此事不胫而走，赵国的志士听说了豫让的事情无不掩面哭泣。

岂辱马医

知耻而后勇，也很值得尊重

　　说一件小事。那天，包子老师走着走着，突然被一对中年夫妇拦下，他们穿戴整洁，口齿清晰，说是来城里看病，从老家带来的钱已经花光，因为举目无亲，不得已向路人求助，希望有缘人能提供一些资助。见我不说话，女人马上掏出手机说"扫码也行"……不得不感慨，行乞这一行也与时俱进了！还是让我们回到列子的世界，看看真实的乞丐是什么样子吧！

　　　　齐有贫者，常乞于城市。城市患其亟[1]也，众莫之与。遂适田氏之厩，从马医作役[2]，而假食[3]。郭[4]中人戏之曰："从马医而食，不以辱乎？"乞儿曰："天下之辱莫过于乞。乞犹不辱，岂辱马医哉？"

　　❶ 亟（qì）：多次。
　　❷ 作役：帮忙。
　　❸ 假食：混饭吃。
　　❹ 郭：城。

　　齐国有个乞丐，经常在城内讨饭。城里的人都厌烦他总来，渐渐地就没人愿意施舍了。眼看撑不下去了，乞丐就去给一个马医打下手。城里的人纷纷奚落他："跟着马医混饭吃，不觉得可耻吗？"乞丐怼回去："天下最可耻的就是讨饭。我连饭都讨过，也没觉得怎样，还会因为跟着马医干而感到可耻吗？"

怼得好！自食其力有什么可耻的？！找对自己的位置，付出劳动并得到相应的回报，这是普天之下最公平合理的事了。沦落底层可以是一世，也可以是一时，乞丐不过是及时止损，这些城里人是担心以后没笑话看，来满足他们的优越感吧！从他不再伸手吃嗟来之食那一刻，就已经值得尊重了。正所谓知耻而后勇，知弱而图强。

列子接着又讲了个小故事，可以结合着看：

宋人有游于道、得人遗契^❶者，归而藏之，密数其齿^❷。告邻人曰："吾富可待矣。"

❶ 契：契据。

❷ 齿：古代的契据，刻齿之后，剖分为二，双方分别收存以为凭证，验看时合齿以辨真伪。

有个宋国人在路上捡到一张别人丢弃的契据，回到家后把它仔细地收藏起来，还心中默数契据上面有几个刻齿。然后，兴奋不已地和邻居报喜："我发家致富的日子指日可待了！"

作废的契据，齿印再完整、再精致有什么用呢？还能真的拿着去兑现财富吗？这个幻想不劳而获的宋人看似不曾沦落底层，认知却停留在底层，和那个受到极大侮辱、被人看扁后还能站起来的乞丐相比，形象猥琐到了极致。

其实，可不可耻、有没有钱都是自己想的。职业不分贵贱，自食其力就不用在意他人的声音；自作聪明也请低调一点，尚不靠谱的事大可不必四处炫耀。

岂辱马医

"岂辱马医"是一个反转的励志故事。

起先，乞丐的觉悟不高，惰性不小，惹得全城人都厌烦他。明明有手有脚，却只会等、靠、要，本质上和那个捡契据的宋人无异，都是贪图不劳而获的投机分子。质变发生在彻底讨不来饭的那一刻。不被逼到生活的绝境，便不会知道自己的潜能有多大。奇怪的是城里人的态度，乞丐选择自食其力本是值得赞赏的行为，怎么大家还要说风凉话呢？缺乏同情心是一方面，也有受制于时代的原因。乞丐的内心就是在众人的嘲讽和唱衰中不断强大起来的。

做人要具备一定的心理弹性，要听得进各种声音，并能够从中识别出有效的动力。

文言解码

哉：感慨万千时，别忘了我！

在文言文中，“哉”是必不可少的语气词，也是我们的老朋友，诗词歌赋、文章语录中都少不了它的身影。但在不同的语境中，“哉”也代表不同的语气。

哉

如《步出夏门行》中的

幸甚至哉

多么庆幸啊！

表示感叹语气，可译为“啊”

如《世说新语·方正》中的

非人哉

真不是人啊！

表示疑问语气，可译为"呢"

如《石钟山记》中的

而此独以钟名，何**哉**

只有这座山以钟为名，这是为什么呢？

表示反问语气，可译为"吗"

如本文中的

乞犹不辱，岂辱马医**哉**

我连饭都讨过，也没觉得怎样，还会因为跟着马医干而感到可耻吗？

其实，"**哉**"作为语气词的使用场景不局限于文言文中，同学们还可以尝试将它用在自己的作文里。当一件事尘埃落定，或是见到使人难忘的美景，想要抒发庆幸、欣喜之情时，都可以用上一句"幸甚至**哉**"。在抒发豪情壮志时，还可以仿照梁启超所写的《少年中国》，直接用"美**哉**""壮**哉**"等词汇，将情绪渲染到极致。你学会了吗？

从"不入流"到"天花板"

时代变迁，很多观念也在不断变化。不少昔日"不入流"的工作，如今已经成为职业的"天花板"，如医生。

没错，在古代几乎没人愿意当医生。所以**郭中人戏之曰："从马医而食，不以辱乎？"**给人看病都不是什么体面的事情，何况给马治病的呢？其实这种想法也能理解，毕竟彼时自然科学欠发达，人们宁愿求神拜佛保佑康健，也不愿去求医，还把"医"跟画符念咒跳神的"巫"字连在一起，因而有"巫医"的叫法。从成分上看，医生也被列到"士、农、工、商"四民之外，地位可想而知。可随着医学的不断发展和人们认知的不断提升，医生的地位也发生了根本的变化。

值得一提的是，从医也成为科举制度下那些落榜生较好的出路之一，无形中抬高了行业的整体素质。古语有言"秀才学医，笼里抓鸡"，不仅因为读书人具有一定的文化底蕴，便于消化医理，更主要的是儒家思想和医学在一定程度上是相通的。"做官以仁治天下，做医以仁行天下"，行医济世、救死扶伤既是高尚之举，也是古时知识分子无奈之中的最优选。

到了宋代，医生的地位迅速上升。范仲淹的励志名言"不为良相，愿为良医"，令医生这一职业以崭新的风采再度走入人们的视野。加之皇帝推崇医学，官僚士大夫肯定医学价值，医生的队伍不断壮大，社会地位也随之提高，形成了对医学普遍认可甚至推崇的社会环境。

时代发展到今天，医生已经成为社会认可度和价值感最高的职业之一，但医学知识之难和学习时间之长令人咋舌，也着实劝退了不少人，因而，能够真正沉淀下来的必定是学习力突出、意志力坚定、创新力十足的硬核人才。

亲爱的同学们，你们长大希望成为什么呢？

亲，欢迎来到新世界！

这是……

时 光 机

地位提升

枯梧不祥

"没头脑"遇到"缺心眼"

相同的意思由不同的人说出来，很有可能会达到完全不同的效果。来看列子讲的这则故事：

人有枯梧树者，其邻父言枯梧之树不祥。其邻人遽[1]而伐之。邻人父因请以为薪。其人乃不悦，曰："邻人之父徒欲为薪，而教吾伐之也。与我邻若此，其险[2]岂可哉？"

[1] 遽（jù）：急速。
[2] 险：险恶。

有人家里的梧桐树枯死了，邻家老头就对这家主人说，枯树留在院子里不吉利，吓得对方赶紧把树砍了。谁知老头紧接着索要树木，意思是砍都砍了，干脆帮你一起清理了，拿到我家做薪柴。树主人一听就恼了，说道："你这老头原来是家里缺柴了，才教唆着我砍树。和我做邻居，却这样阴险，做人可以这样不厚道吗？"

那么树主人和邻家老头，同学们站谁一边？

一开始，树主人必是对老头怀有感激之情，毕竟对方阅历丰富，完全是站在他的角度为他着想，才劝他砍树。事情若到此为止，树主人未必不会想到废物利用，所谓见者有份，也很有可能会分给老头一些。但同样的意思由老头来说，味道就全变了，劝人砍树的是你，急着要树的也是你，就别怪人过度解读。说老头有坏心倒也未必，但私心是没跑了。总之，老头是甭想从树主人这里拿走哪怕一片树皮了。

你太不厚道了！

冤啊！

邻家老头真有这么不堪吗？他劝树主人砍树的出发点也许真的很单纯，他不过是嘴上一说，谁知对方说砍就砍了。老头估计也是始料未及，见自己造成的后果挺严重，树主人貌似也没想好怎么收场，索性自告奋勇帮着善后，结果反背上"恶邻"之名。从这个角度看，他也挺冤的。

列子谁都没站，留了一个开放式结局，但两家人大概率会心存芥蒂不相往来了。嫌隙的产生往往就在一念之间，修补起来却举步维艰。毕竟从怀疑、沉淀、释怀到原谅，再到重新建立信任需要一个相当漫长的过程。难怪圣贤会说："无多言，多言多败。无多事，多事多患。"不要多说，多说多挫败；不要多事，多事多祸患。

枯梧不祥

事情不大，值得一说的却不少。比如，树主人的**"遽而伐之"**。一听人说不吉利，当即挥斧砍树，说好听是个"行动派"，说难听就是偏听偏信。好歹这树也算是家里的"大件儿"，砍与不砍、什么时候砍、砍完怎么办……总要全家人坐下来商量一下，从长计议吧！只凭邻居一张嘴，就挥锹抡镐砍树，足见是个不带脑子的"糊涂蛋"。

再说邻家老头的**"请以为薪"**。你是真心想帮树主人善后也好，处心积虑要把枯木占为己有也罢，都要把握个时机，更要讲究说话的艺术。废物利用本是好事，但马上就向人索要实不可取，因为太容易引起怀疑。至少也要等上几天，看到枯木确实对树主人一家派不上什么用场，再作打算，怎么好意思当场张口呢？如此莽撞，真不像饱经世事的有智长者。

总之，"没头脑"遇到了"缺心眼"，死树恐怕都要被气活了！

"以"和"为"的组合出现

"以"和"为"在文言文中的含义和用法都相当丰富多彩，但同学们见过它们组合出现的样子吗？和现代人常说的"以为"会是同一个意思吗？别着急，在这篇文章中就存在"以"和"为"的组合用法，见识一下吧！

如《史论·孙子吴起列传》中的

威王问兵法，遂以为师

齐威王问他兵法，就使他成为老师。

以为＋名词或名词性词组，作宾语，表示"使……成为"的意思

如《劝学》中的

輮以为轮，其曲中规

用火烤一下，使它成为车轮，那弯曲的程度跟圆规一样。

以+为

如《左传·齐桓公伐楚盟屈完》中的

楚国方城以为城，汉水以为池

楚国把方城山当成城墙，把汉水当成护城河。

如明人李贽的《题孔子像于芝佛院》中的

人皆以孔子为大圣，吾亦以为大圣

人们都把孔子当成大圣人，我也把孔子当成大圣人。

以为+名词或名词性词组，作宾语，表示"**把……当成……**"的意思

请同学们注意区分两种以为+名词或名词性词组的区别哦！
主语使宾语所代表的东西变成了什么。
主语把宾语所代表的东西当成了什么。

如《史记·陈涉世家》中的

或以为死，或以为亡

有人认为他死了，有人认为他逃亡了。

以为+动词，形容词作宾语，表示内心感觉，表示"**认为……**"的意思

如《邹忌讽齐王纳谏》中的

徐公来，孰视之，自以为不如

徐公来了，（邹忌）仔细观察了他，自己认为不如他。

学到这里，同学们是不是有些疑惑，觉得"**以为**"的三种含义翻译成白话文好像差不多，不影响句意？其实，"**以为**"的三种含义分别跟我们常说的使动用法、处动用法和意动用法相当，只看句意还不够，必须认真思索句子的成分，才能辨析！

高超的说话艺术

前文说了，如果邻家老头把握合适的时机，讲究点说话的艺术，未必就拿不到枯木。那么高超的说话艺术应该是什么样呢？一起来围观一下吧！

苏轼和弟弟苏辙同朝为官。一个早年与苏氏兄弟有往来的旧

交，写信请求苏辙帮他谋一份差事，结果信像泥牛入海，一直都没有回复。这人等不及了，就找到苏轼想办法。苏轼了解此人的学识水平，弟弟不愿回复已表明态度，但直接回绝对方肯定彼此尴尬，于是讲了一个故事：

从前有个穷人无以为生，便去盗墓。他挖开一座古墓，见一个全身赤裸之人坐在棺内对他说："我是汉朝的杨王孙[①]，提倡裸葬，没有钱财可以接济你。"盗墓者无奈，又挖开一座古墓，但见一个帝王样貌的人躺在棺内说道："朕乃汉文帝，墓里没有金银玉器，只有陶瓦器皿，无法接济你。"盗墓人垂头丧气，又见两座古墓并排在一起，先是费尽九牛二虎之力挖开左边的坟墓。只见棺内一个面带菜色之人有气无力地说道："我是伯夷[②]，被饿死在首阳山下，没办法帮到你。"接着又道，"我劝你别费力气再挖了。你看我都瘦成这样了，隔壁的叔齐也好不到哪儿去，帮不了你的。"

听完故事，求职之人心中顿悟，大笑而去。

我们常会遇到这样的情况，朋友求上门来，不帮有碍情面，帮则违背原则。聪明的苏轼不动声色，巧妙运用三个典故加以点拨，既保全了朋友的颜面，也表明了自己的态度，滴水不漏，一举两得——口才大师没错了。

---

① 杨王孙：西汉的无神论者。生于武帝之世。家业千金，重养生。临终前立下遗嘱，要求裸葬：布袋盛尸，以身亲土。

② 伯夷：姜姓、炎帝神农氏的第十四世孙，共工的从孙。伯夷和叔齐是两兄弟，出生于殷商时期的贵族家庭，但因对当时社会和道德沦丧的不满，他们选择远离尘世，过着清贫朴素的生活。

疑邻盗斧

你看到什么，由你的心决定

同学们在学习知识的时候，是不是被教导要带着怀疑的精神？怀疑精神的本质是去伪存真，是为了更好地认识世界，以便与世界更和谐地相处，如果矫枉过正则会适得其反，害人害己。一起来听听列子关于"怀疑"的高见吧！

有个人不慎丢了把斧子，率先怀疑是邻居家的儿子偷了去：

> 视其行步，窃铁也；颜色，窃铁也；言语，窃铁也；动作态度无为而不窃铁也。

看那孩子走路的样子，像是偷斧子的；脸色神情，也像偷斧子的；再听言谈话语，没有比他更像偷斧子的了。怎奈抓不到实锤，丢斧人也只好哑忍。不久，他在翻动自家谷堆时发现了丢失的斧子。

> 他日复见其邻人之子，动作态度无似窃铁者。

这回怎么看人家都不像是偷斧子的人了。从头到尾都是他一个人的臆想,纯属瞎折腾。多亏他还没糊涂到直接找邻居理论,不然就成众人的笑柄了。这个故事在《吕氏春秋》中也曾出现过。《吕氏春秋》对它的总结特别到位:

其邻之子非变也,已则变矣。变也者无他,有所尤也。

变的不是邻居的儿子,而是自己的心态。变的原因也没有其他,是为偏见所蒙蔽。

可见,主观成见是认识客观真理的障碍。丢斧人认定邻家儿子就是盗贼,在这种心理暗示下必然会歪曲客观事物的原貌,后来斧子失而复得,心病解除,他又觉得岁月静好了,说明情感的变化对理性的判断具有相当重要的影响——你看到什么,是由你的心态决定的。

现在同学们明白了吗?带着怀疑的精神认识世界,绝不是凭空猜想,更不是疑神疑鬼,为人处世要从实际出发。要知道,我们不可能无休无止地质疑一切,大多数时候必须信任一些东西,否则生活将举步维艰。

同学们不妨设想一下，如果这个丢斧之人是你，你会怎么做呢？

千万不要急着下结论，还是要先从自身找原因。什么时候发现斧子不见了？最后一次是在哪里使用的？有没有人借走？基本的复盘肯定要做。此外，身边的家人、朋友是不是都打听了一遍？人的记忆往往并不可靠，特别是有关生活琐事的部分。

可丢斧人是怎么做的呢？发现东西不见了，不去做任何有意义的调查，全靠臆测，急不可待地就给别人扣帽子。至于为什么单单怀疑邻居的儿子，很可能出于两个方面的原因：一是怀疑从来都是从身边的人开始的，因为离得近，更容易引发联想；二是邻里之间少不得一些磕磕绊绊，可能早就看对方不顺眼了，刚好借这个事儿拿捏一下他们。所幸，丢斧人没有贸然行动，斧子亦失而复得，结局还算圆满。

成大事者不拘小节，还是要以真诚之心去待人接物，"责人之心责己，恕己之心恕人"，如此，才会得到他人对等的真诚。

亡：别一见到我，就怕"死"

先做一个小测试。

看到"亡"字，大家首先想到什么？我猜一定是人人谈及色变的"死"字。放轻松，这里咱们不讨论这么沉重的话题，而是介绍一下"亡"字在文言文中还有什么其他的意思。

本篇是这样开场的：人有亡铁者。若按现代人的一贯理解，亡＝死，这句话恐怕会被翻译为："从前有个人，有一把死掉的斧子。"——这也太离谱了！聪明如你，必定已经有了答案。没错，此处的"亡"的真正含义是丢失，即"从前有个人，丢失了一把斧子"。这样就合理了。

本义一
失去、丢失

其实，在商代的甲骨文中，"亡"写作 ㇄。有人认为，"亡"字表示用刑具凿剜眼珠，是商代的一种刑罚，而奴隶遭受"亡刑"就要失去一只眼睛，因此"亡"的本义是失去、丢失。

如成语"亡羊补牢""唇亡齿寒"中的"亡"，都是此意。

如《陈涉世家》中

今亡亦死，举大计亦死

即使现在逃跑（被抓回来）也是死，发动起义也是死。

本义二
逃跑、逃亡

也有人认为，"亡"字是在人的手部加一竖，表示手持盾、甲之类的护具做掩护，因此"亡"的本义是逃跑、逃亡。

引申义
灭亡、消灭

以上两种对"亡"字本义的理解，在学界仍有争论，但无论如何，今人下意识想到的"死亡"绝不是"亡"的本义，而是引申义。同样作为引申义的还有"灭亡"。

如《过秦论》中

山东豪俊遂并起而亡秦族矣

崤山以东的英雄豪杰于是一齐起事，消灭了秦的家族。

其实，同学们在文言文的学习中会渐渐发现，"亡"以"死亡"之意出现的情况并不算多。因此，不要再谈虎色变，一见到"亡"就怕"死"啦！

智子疑邻：极品糊涂蛋，不偷你偷谁？

提到"疑邻盗斧"，很多人会想到另一个典故——"智子疑邻"，出自《韩非子·说难》中的《颜则旭篇》，也是一个关于怀疑的故事。

宋国有一位富豪，因为下大雨，豪宅的围墙坍塌了。他儿子就说："如果不赶紧抢修，一定会有盗贼进来。"他家隔壁的老人也劝他们尽快维修。果不其然，当晚豪宅就遭窃了，丢失了大量财富。谁知富豪十分赞赏儿子的先见之明，却怀疑隔壁的老人是盗贼——荒唐啊！

若说疑邻盗斧者的胡思乱想还有些底层逻辑在，这位富豪就是任性到家，完全抛弃原则，只凭亲疏远近做判断了。亡羊补牢的道理尽人皆知，儿子说出来就是睿智，邻居说出来还成"罪证"了，他也不想想，人家要是存心盗窃，何必劝你抢修呢？把别人的好心当作驴肝肺，这样的糊涂蛋活该被人偷。

齐人攫金

史上最蠢萌的抢劫犯

读多了古代寓言，有一个有趣的发现：故事里的主人公往往行事荒唐，结局可笑可叹。"齐人攫金"是《列子》一书的"压轴"故事，一起来看这位主人公的"奇葩"表演吧。

昔❶齐人有欲金者❷，清旦衣冠❸而之❹市❺。适❻鬻❼金者之所，因❽攫❾其金而去。吏捕得之，问曰："人皆在焉❿，子⓫攫人之金何？"对曰："取金之时，不见人，徒⓬见金。"

❶ 昔：从前。
❷ 欲金者：想要金子的人。
❸ 衣冠：穿好衣服、戴好帽子。
❹ 之：到……去。
❺ 市：集市。
❻ 适：到……去。
❼ 鬻（yù）：出售。
❽ 因：趁机。
❾ 攫（jué）：抢。
❿ 焉：那里。
⓫ 子：你，指代小偷。
⓬ 徒：只，仅仅。

从前，齐国有个一门心思想得到金子的人。一天清晨，他穿戴整齐来到市场，径直走进金铺，抢了金子就走。巡捕将之擒拿归案，问他："是谁给你的勇气啊！这么多人都在场呢，你咋就堂而皇之地生抢呢？"那人倒也不慌，老实答道："我拿金子的时候，根本就没看到人，只看到金子。"

我的金子！

真是目中无人啊，堪称史上最蠢抢劫犯了，但这份坦率又让人觉得有点萌，如果他把对金子的那份执着用在正道上，未必就挣不到黄金万两。但人性就是这么狭隘，利令智昏而铤而走险者比比皆是。

《吕氏春秋》中也收录了这个"爆款"故事，并站到政治的高度进行了更具深度的解读："夫人有所宥①者，固以昼为昏，以白为黑，以尧为桀。宥之为败亦大矣。亡国之主，其皆甚有所宥邪？故凡人必别宥然后知，别宥则能全其天矣。"人一旦受了蒙蔽，就会把白天当成晚上，把白色当成黑色，把尧当成桀。蒙蔽带来的危害很大，亡国的君主大多不就是被蒙蔽了吗？

而列子以齐人为例，也与彼时齐国富甲一方的现实密切相关。自古齐鲁大地就占据着得天独厚的地理优势，交通便利，各类资源丰富。自西周起，齐国便以"东方巨人"自居，自上而下趋利成风。列子如此设计讽刺的正是齐国不顾他国安危，通过暴力血腥的手段攫取利益的负面形象。

时至今日，"齐人攫金"的典故依然具有极强的启示意义。人生的成长之路漫长且曲折，充斥着各种浮躁和诱惑，要时刻保持目标明确、头脑清醒，善于辨识光怪陆离背后的种种风险。一旦因一时贪婪而做出愚蠢或野蛮的行为，所付的代价是相当大的。

---

① 宥（yòu）：局限、蒙蔽，同"囿"。

齐人攫金

　　抛开"攫金"的蠢行，说说这个"齐人"。从**"衣冠而之市"**推测，此人并非市井无赖之辈，还是挺讲究的，但就是抑制不住心魔作祟。说白了，还是个人修为有亏、认知肤浅，和掩耳盗铃的那位差不多，愚不可及还挺自以为是。

　　其实，追求物质财富、渴望生活优渥，乃人之常情。齐人的症结是一切向钱看。正所谓"君子爱财，取之有道"。"爱财"没有错，而"有道"是原则，也是底线。而且，我们永远赚不到自己认知以外的财富。有迷恋金子的那股劲头，还不如用来提升自己的认知水平和生存技能。不论何时，只有精神世界富足了，才能有强大的智慧支撑我们缔造理想的成功人生。

名词活用动词：就是这么简单直接

不知道同学们注意到没有，本篇中隐藏了一个关于名词的惊天秘密！下面就是见证奇迹的时刻，请将视线聚焦第一句——"衣冠而之市"，意思是"穿戴整齐来到市场"。等等！是不是有哪里不太对劲？

没错，此处的"衣冠"就是一种名词活用现象，准确地说，是名词活用为动词的情况。这种情况用一句话概括就是：

当一个句子中本该出现动词，却没有动词只有名词时，句中一定有某个名词被活用为动词了。

仔细观察"衣冠而之市"一句，不难发现这句话中缺少了本该有的动词，而是将名词"衣冠"活用为动词，译为"穿衣戴冠"，再译得信达雅一些，就是"穿戴整齐"。

名词活用在文言文中比较常见，因其释义与用法相当灵活多变，难免有同学听到这四个字就头大。但只要掌握其中的规律，就会发现一点也不复杂！包子老师为大家整理了名词活用为动词的一些规律，大家仔细体会一下。

① 名词＋名词

如《鸿门宴》中的

范增**数目项王**

范增多次使眼色看向项羽。

※ 名词"目"活用为动词，译为"看"。

② 名词＋代词

如《口技》中的

人有百口，口有百舌，不能**名其一处**也

即使一个人有上百张嘴，每张嘴里有上百条舌头，

也不能说出其中一个地方。

※ 名词"名"活用为动词，译为"说出"。

③ 副词（能愿动词）＋名词

如《永遇乐·京口北固亭怀古》中的

廉颇老矣，**尚能饭否**

廉颇将军已老，还能吃饭吗（身体康健）?

※ 能愿动词"能"后面的名词"饭"

活用为动词，译为"吃饭"。

④ 名词＋"而"或"则"＋动词
或动词性短语

如本文中的

衣冠而之市

穿戴整齐来到市场。

　　总体来说，名词活用为动词的情况虽然复杂多变，但理解起来并不困难，只要在这个名词本义的基础上，引申扩展其动词含义即可。

齐人齐地齐典故

前文说了，列子之所以将故事的主角设定为齐人，是受当时社会现状的影响，那就来了解一下那些有关齐人齐地脍炙人口的典故吧！

（齐人聪明才智）
因势利导
老马识途
二桃杀三士

（齐人思想理念）
物以类聚，人以群分
平易近人
十年树木，百年树人

在古代，齐国是一个富裕强大的国家，齐文化在很大程度上反映了其政治、经济和社会状况。而成语典故作为浓缩的历史、文化的见证，在产生和传承的历程中滋养了一代又一代的中华儿女。据考证，与齐人齐地相关的成语典故有近千条，而源于齐都临淄的就有百余条，从内容上大体可分为以下四类：

一是直接反映历史事件和社会风貌的，如"齐大非偶"（《左传·桓公六年》）、"尊王攘夷"（《春秋公羊传》）、"一匡天下"（《论语·宪问》）等；

二是反映齐人德行风度的，如"管鲍之交"（《列子·力命》）、"一鸣惊人"（《史记·滑稽列传》）、"视死如归"（《管子·小匡》）等；

三是反映齐人思想理念的，如"物以类聚，人以群分"（《战国策·齐策三》）、"平易近人"（《史记·鲁周公世家》）、"十年树木，百年树人"（《管子·权修》）等；

四是反映齐人聪明才智的，如"因势利导"（《史记·孙子吴起列传》）、"老马识途"（《韩非子·说林上》）、"二桃杀三士"（《晏子春秋·内篇谏下》）等。

这些成语典故多角度、全方位地展现了齐文化的独特魅力，使用频率高，应用范围广，是言志、寄情、醒世、励人、箴规的经典之作，至今仍以强大的生命力和文化穿透力影响着社会的发展和人们的生活。

同学们还能说出哪些关于齐人齐地的精彩典故呢？

附录

　　在《列子》原著中，有很多富含哲理或文采斐然的佳句。我们选取其中一部分与译文作为附录内容一并呈现，希望能帮助读者更好地理解这本书的主题，并能将这些佳句恰当引用、化用，助力写作。

天地无全功，圣人无全能，万物无全用。

译文：天地没有完备的功效，圣人没有完备的能力，万物没有完备的用途。

人自生至终，大化有四：婴孩也，少壮也，老耄也，死亡也。

译文：人从出生到死亡，大的变化有四个阶段：婴孩、少壮、老耄、死亡。

虚者无贵也。

译文：虚无本身是没有贵贱的。

——《列子·天瑞》

生不知死，死不知生；来不知去，去不知来。

译文：活着不知道死后的境地，死后也不知道生前的遭遇；未来不知道过去的情况，过去也不知道未来的情况。

有公私者，亦盗也；亡公私者，亦盗也。公公私私，天地之德。

译文：为公或为私，都是偷盗；不为公或不为私，也是偷盗。使公有的成其为公有的，使私有的成其为私有的，这就是天地的大德。

——《列子·天瑞》

不知乐生，不知恶死，故无夭殇；不知亲己，不知疏物，故无爱憎；不知背逆，不知向顺，故无利害。

译文：不懂得以生存为快乐，也不懂得厌恶死亡，因而没有夭折与短命的人；不懂得偏爱自身，也不懂得疏远外物，因而没有喜爱和憎恶的东西；不懂得反对与叛逆，也不懂得赞成与顺从，因而没有有利与有害的事情。

——《列子·黄帝》

外游者，求备于物；内观者，取足于身。

译文：向外游览，就会要求外物的完备；向自己内心求取，则能充实完善自身。

物不至者则不反。

译文：事物不发展到极点，是不会走向反面的。

——《列子·仲尼》

195

自长非所增，自短非所损。

译文：自然要变长的，并非由于外力的增加；自然要变短的，并非由于外力的减损。

当死不惧，在穷不戚，知命安时也。

译文：面对死亡而不恐惧，身处穷困而不悲戚，是洞达天命随遇而安的表现。

——《列子·力命》

实无名，名无实。名者，伪而已矣。

译文：真实的没有名声，有名声的不真实。名声这东西，实际上是虚伪的。

十年亦死，百年亦死。仁圣亦死，凶愚亦死。生则尧舜，死则腐骨；生则桀纣，死则腐骨。腐骨一矣，孰知其异？且趣当生，奚遑死后？

译文：活十年是一死，活一百年也是一死。仁人圣贤会死，凶顽愚劣的人也会死。活着时是尧舜，死后不过是腐骨；活着时是桀纣，死后一样也是腐骨。腐朽的骨殖是一样的，又有谁知道它们生前的差异？姑且享受今生的乐趣，哪里还有空理会死后的世界？

——《列子·杨朱》

可在乐生，可在逸身。

译文：正确的办法在于使生命快乐，正确的办法在于使身体安逸。

生无一日之欢，死有万世之名。

译文：活着时没享受一天的欢乐，死后却有了流传万代的名声。

吞舟之鱼，不游枝流；鸿鹄高飞，不集污池。

译文：能吞下船的大鱼，不会在细浅的溪水里遨游；在天空高飞的鸿鹄，不会在肮脏的水池栖息。

将治大者不治细，成大功者不成小。

译文：准备做大事的不做小事，要成就大事的不成就小事。

生民之不得休息，为四事故：一为寿，二为名，三为位，四为货。

译文：百姓们得不到休息，是为了四件事的缘故：一是为了长寿，二是为了名声，三是为了地位，四是为了财货。

——《列子·杨朱》

形枉则影曲，形直则影正。

译文：身体弯曲，影子便弯曲；身体正直，影子便正直。

慎尔言，将有和之；慎尔行，将有随之。

译文：小心你的言论，将会有人应和；谨慎你的举止，将会有人跟从。

理无常是，事无常非。

译文：道理和事情既没有永远正确的，也没有永远错误的。

察见渊鱼者不祥，智料隐匿者有殃。

译文：能看清深潭中的游鱼的，不是吉祥的好事；能探知别人隐私的，定会招祸遭殃。

——《列子·说符》